Les
armoires
et les
comptoirs

29. 062   29 1/16
7. 265   7 1/4

BIBLIOTHÈQUE ADMINISTRATIVE
Ministère des Communications du Québec
Éléments de catalogage avant publication

Hébert, Michel
  Les armoires et les comptoirs / [coordonnateur : Luc Gravel; rédacteurs : Michel
Hébert, Hubert Lavallée; ... réalisé par la Direction de la formation à distance].
—— Québec, Québec : Les Publications du Québec, c1986, 1989.

  116 p.: ill.—— (Construction et rénovation de bâtiments)
  ISBN : 2-551-08740-6

  1. Armoires de cuisine 2. Cuisines I. Gravel, Luc II. Lavallée, Hubert
III. Québec (Province). Direction de la formation à distance

  E3 F59 C65 /

Les
PUBLICATIONS
DU QUÉBEC

Les armoires et les comptoirs

Construction et rénovation de bâtiments

Québec

Le contenu de cette publication a été réalisé
par la Direction de la formation à distance.

Cette édition a été produite par
Les Publications du Québec
1279, boul. Charest Ouest
Québec (Québec)
G1N 4K7

Coordonnateur: Luc Gravel, ing., m. ing.
Rédacteurs: Michel Hébert
            Hubert Lavallée

Photographie de la couverture:
Serge Lacroix (Sténopé enr.)

Graphisme de la couverture:
Marie Couture (Couture-Tremblay)

Premier tirage: août 1986
Deuxième tirage: février 1987
Troisième tirage: août 1989

Dépôt légal — 3e trimestre 1986
Bibliothèque nationale du Québec
ISBN 2-551-08740-6

Table des matières

Introduction

Ce samedi-là, Arthur se retrouve autour de la table de cuisine chez Pierre et Lise qui ont décidé de poursuivre la rénovation et l'agrandissement de leur résidence. C'est principalement la cuisine qui fera l'objet de travaux d'amélioration ou de rénovation. Pierre et Lise ne sont pas tout à fait fixés. Heureusement qu'ils peuvent compter sur la compétence du frère de Lise, Arthur, entrepreneur général.

Au cours de cette première rencontre et de celles qui suivront, Arthur les guidera dans leurs démarches. Il débutera par les mettre au courant des normes en vigueur, puis leur expliquera les différents choix qui s'offrent à eux. Pierre et Lise vont graduellement préciser leurs besoins, leurs goûts.

Une fois les choix fixés, Arthur proposera des méthodes simples de construction leur permettant de mener à bien leur projet, et tout sera si bien mené qu'ils envisageront même de transporter les connaissances acquises dans la salle de bains et l'atelier.

Arthur leur posera des questions pour vérifier leurs connaissances. Nous vous encourageons, à l'instar de Pierre et de Lise, à répondre vous-mêmes aux questions. Cette démarche facilitera votre apprentissage, vous verrez.

Mais sans plus tarder, entrons dans leur conversation...

Chapitre 1
Cuisine: généralités

Plan du chapitre

1.1 Types de cuisine

— Nous avons décidé, Arthur, d'améliorer notre cuisine. Nous ne sommes pas encore tout à fait fixés sur ce que nous allons faire. Mais je sens que nous aurons du pain sur la planche pendant un certain temps. Cela nous excite de nous attaquer à de nouveaux travaux, même s'il nous arrive parfois, au début, de ne pas trop savoir par quel bout commencer. Vas-tu pouvoir nous aider encore une fois?

— Avec plaisir, Pierre. Après l'étude des notions de base des cuisines, vous allez voir que vous serez en mesure de préciser vos besoins et de prendre plus facilement des décisions.

Commençons, si vous le voulez bien, par examiner votre cuisine actuelle et dites-moi, sans tenir compte de l'âge ou de l'apparence, si la disposition physique de celle-ci vous convient?

— Je ne comprends pas très bien ta question, Arthur, où veux-tu en venir?

— Regarde, Lise, la disposition de tes armoires de cuisine est en forme de U. Ce n'est pas la seule façon de disposer ces armoires, tu le sais sûrement...

— Bien sûr, Arthur, chez les parents de Pierre, par exemple, toutes les armoires sont sur le même mur.

— Voilà où je voulais en venir: on classifie généralement les cuisines d'après la disposition des armoires sur les murs.

Quand vous consultez des livres ou des revues sur les cuisines, vous remarquez que l'on parle habituellement de:

- cuisine en L
- cuisine en U
- cuisine en longueur
- cuisine sur deux murs parallèles
- cuisine disposée sur quatre murs.

Si vous voulez bien, nous utiliserons ces expressions.

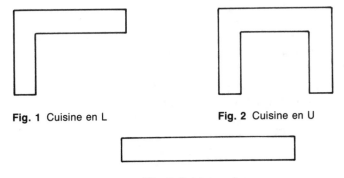

Fig. 1 Cuisine en L   **Fig. 2** Cuisine en U

Fig. 3 Cuisine en longueur

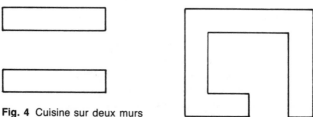

Fig. 4 Cuisine sur deux murs
parallèles

Fig. 5 Cuisine disposée sur quatre murs

— Maintenant que je vous ai expliqué la classification d'une cuisine en fonction de la disposition des armoires, comprenez-vous pourquoi je vous ai demandé si votre cuisine vous convenait?

— Oui, Arthur, je vois que nous pourrions tout aussi bien disposer notre cuisine autrement sans abattre de murs. Mais, tout compte fait, j'aime bien la disposition en U actuelle, et toi Lise?

— Oui, moi aussi, mais je songe surtout à ajouter des espaces de rangement et des surfaces de travail plutôt qu'à modifier la disposition.

— Dans ce cas, Lise, il y a peut-être un dernier élément à envisager, soit d'introduire un îlot de travail dans ta cuisine.

Fig. 6
Îlot de travail dans une cuisine en L

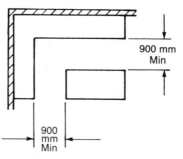

900 mm
Min

900
mm
Min

— Un îlot, Hum!... j'ai vu ce genre d'arrangement dans les revues mais je ne crois pas avoir suffisamment d'espace pour cela, et je ne voudrais pas sacrifier notre actuel coin-repas.

— Songez-y bien et sachez que ces îlots sont de plus en plus populaires car ils peuvent s'adapter à chacune des dispositions déjà mentionnées, en augmentant l'espace de rangement et les plans de travail. De toute façon, vérifions d'abord l'espace disponible.

1.2 Dimensions de la cuisine

— Savez-vous, mes amis, qu'il existe des normes bien établies en ce qui concerne les dimensions utiles et pratiques dans les cuisines? Voici un exemplaire du *Code national du bâtiment*, lisez vous-mêmes.

— «Les cuisines des logements, qu'elles soient isolées ou groupées avec d'autres aires, doivent avoir une surface utile d'au moins 4,2 m², placards bas (armoires basses) inclus, sauf dans les studios (1 pièce et demie) où la surface utile minimale est de 3,7 m²».

— Continue, Pierre.

— «Il faut prévoir un espace utile d'au moins 900 mm devant une armoire basse, un plan de travail ou un appareil électroménager».

— On dit aussi ailleurs dans ces normes, Pierre, que «la hauteur minimale sous le plafond dans une cuisine doit mesurer 2,3 m sur au moins 75 p. cent de la surface utile du plancher».

— Mon cher frère, je suis un peu mêlée dans le système métrique, peux-tu me convertir ces chiffres?

— Je vais faire mieux, regarde ce tableau et convertis toi-même (Tableau I, p. 14).

— Si je calcule bien, 4,2 m² équivalent à environ 45 pi² et 3,7 m², à environ 40 pi².

— De même, 900 mm font à peu près 35 pouces et 2,3 m donnent 90 pouces environ.

— C'est très bien, je vois que vous avez compris le système.

— Arthur, si on vérifiait ces données dans ma cuisine, on serait fixé sur la conformité de celle-ci à ces normes.

— Allons-y...

a. Surface utile du plancher y compris les armoires basses:

_____ m²

b. Espace utile devant les armoires basses: _____ mm

c. Hauteur sous le plafond: _____ m

— Je suis en règle, car la hauteur de ma cuisine est partout de 2,44 m, la surface utile du plancher du coin-cuisine proprement dit, y compris les armoires basses, mesure 8,3 m² et l'espace utile devant les armoires basses est d'au moins 1 100 mm partout.

— Toutefois, comme Lise le prévoyait, vous ne pourrez pas installer un îlot de travail dans votre cuisine sans empiéter grandement sur votre coin-repas; alors je vous fais grâce de ce point, souvenez-vous seulement que la règle d'espace utile de 900 mm s'applique aussi dans le cas d'îlots (fig. 6).

Tableau I

Pour convertir une surface:

| Surface en m^2 | multipliée par 10,76 = | Surface en pi^2 |
| Surface en pi^2 | multipliée par 0,093 = | Surface en m^2 |

Pour convertir une dimension:

| Dimension en mm | multipliée par 0,039 = | Dimension en pouces |
| Dimension en pouces | multipliée par 25,4 = | Dimension en mm |

Ou utiliser les relations suivantes:

Système impérial	Système international (métrique)	Système impérial	Système international (métrique)
1/8″	3,2 mm	8″	203 mm
7/32″	5,6 mm	10″	254 mm
1/4″	6,4 mm	**11 13/16″**	**300 mm**
3/8″	9,5 mm	**12″ (1′ — 0″)**	**305 mm**
1/2″	12,7 mm		
5/8″	15,9 mm	**15 3/4″**	**400 mm**
3/4″	19,1 mm	**16″ (1′ — 4″)**	**406 mm**
63/64″	**25 mm**		
1″	**25,4 mm**	**23 5/8″**	**600 mm**
1 1/2″	38 mm	**24″ (2′ — 0″)**	**610 mm**
2″	51 mm		
2 1/2″	64 mm	**47 1/4″**	**1 200 mm**
3″	76 mm	**48″ (4′ — 0″)**	**1 219 mm**
3 1/2″	89 mm		
3 15/16″	**100 mm**	**94 1/2″**	**2 400 mm**
4″	**102 mm**	**96″ (8′ — 0″)**	**2 438 mm**
4 1/2 ″	114 mm		
5″	127 mm	**141 3/4″**	**3 600 mm**
5 1/2″	140 mm	**144″ (12′ — 0″)**	**3 658 mm**
6″	152 mm		

1.3 Espace à accorder aux appareils ménagers et aux plans de travail

— Pierre, chaque cuisine a ses caractéristiques propres. Mais elle possède au moins un réfrigérateur et une cuisinière. Dans les maisons récentes, les cuisines sont souvent plus fonctionnelles et équipées davantage d'appareils qui rendent le travail plus facile et agréable. Je pense au broyeur à déchets, aux tablettes coulissantes destinées, par exemple, aux casseroles lourdes. Peux-tu me nommer d'autres éléments?

— Elle est souvent, Arthur, munie d'un lave-vaisselle, et parfois d'un four encastré et d'une table de cuisson intégrée dans le comptoir.

— Et le four à micro-ondes?

— Merci, Lise, j'ai failli l'oublier et pourtant c'est un appareil électroménager populaire.

— Ces appareils, Pierre, ajoutent de la valeur à ta maison en la rendant plus attrayante aux yeux d'un acheteur éventuel. Avant de commencer à étudier l'espace requis pour les appareils ménagers et les plans de travail, j'aimerais ajouter que, dans le cas des maisons construites sur plusieurs niveaux, on prévoit souvent un coin-buanderie dans la cuisine pour y mettre la lessiveuse et la sécheuse afin de ménager des pas.

— Je te vois venir, Arthur, tu vas nous dire qu'il y a d'autres dimensions à respecter dans notre réaménagement éventuel.

— C'est exact, Lise, des spécialistes ont formulé des recommandations sur l'espace à accorder aux appareils ménagers et aux plans de travail.

Je vous présente ces données sous forme de tableaux.
Tableau II — Espace à accorder aux appareils ménagers (p. 16)
Tableau III — Espace à accorder aux plans de travail (p. 17)

Les mesures peuvent parfois varier de quelques millimètres dans des cas particuliers d'appareils non standard. Mais je peux te dire par expérience que, si tu en tiens compte, tu t'éviteras des déceptions.

— Nous comptions justement magasiner pour un lave-vaisselle; maintenant nous savons au moins l'espace nécessaire sous le comptoir, soit 630 mm.

— Attention, Lise, ce tableau est valable dans la grande majorité des cas, mais je te conseille quand même de fixer ton choix de lave-vaiselle et d'en vérifier les dimensions, car tu pourrais choisir un appareil non standard et être obligée, après coup, de modifier tes armoires.

Tableau II

Espace à accorder aux appareils ménagers

Appareil ménager	Espace standard en mm	Remarque
Évier (fig. A)	Dimensions variées offertes en fonction de l'espace disponible et des besoins du propriétaire. Généralement de 500 mm (20 pouces) à 810 mm (32 pouces)	Demander à votre vendeur de vous fournir un gabarit de l'évier acheté, il sera utile lors des travaux.
Cuisinière (fig. B)	Normal 790 mm (31 pouces) Studio 635 mm (25 pouces)	Incluant espace libre de 25 mm (1 pouce) de chaque côté.
Réfrigérateur (fig. C)	Normal 840 mm (33 pouces) Studio 635 mm (25 pouces) Autres 735 mm (29 pouces) 790 mm (31 pouces) 865 mm (34 pouces)	Incluant espace libre de 25 mm (1 pouce) de chaque côté; sauf en bout d'armoires basses où un seul espacement de 25 mm (1 po) suffit.
Lave-vaisselle (fig. D)	630 mm (25 pouces)	Incluant un très léger espace libre de chaque côté.
Compacteur à déchets (fig. E)	380 mm (15 pouces)	Incluant un très léger espace libre de chaque côté.

Tableau III

Espace à accorder aux plans de travail

Fig. F

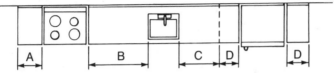

A. Côté de la cuisinière: 300 mm (12 po)
   — Pour cuisine de toutes dimensions.
   — Il serait pratique d'y construire un tiroir et une porte, même si les dimensions sont petites.

B. Entre cuisinière et évier:

Nombre de personnes	Espace ininterrompu en mm
1	600 mm (24 po)
2	750 mm (30 po)
3 et 4	1 000 mm (40 po)
5 et 6	1 200 mm (48 po)
7 et 8	1 350 mm (54 po)

C. Autre côté de l'évier:

Nombre de personnes	Espace ininterrompu en mm
1	300 mm (12 po)
2 à 4	400 mm (15 po)
5 à 8	450 mm (18 po)

D. Dans les cuisines pour plus de 3 personnes, on crée un espace supplémentaire de 300 mm (12 po) près du réfrigérateur (d'un côté ou de l'autre) pour y déposer la nourriture qu'on y range ou qu'on en retire.

— Arthur, comment s'y prendrait-on dans le tableau III pour mesurer un espace de travail s'il y a un coin de comptoir entre deux appareils ménagers?

— Bonne remarque, Pierre, dans ce cas tu ne tiens pas compte du coin. Je t'explique comment faire à l'aide d'un croquis.

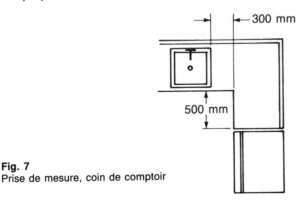

Fig. 7
Prise de mesure, coin de comptoir

— Tu vois, sur ce croquis, la distance utile entre l'évier et la cuisinière serait considérée comme 800 mm (500 mm + 300 mm), bien que le coin de comptoir offre un espace de travail supplémentaire qui n'est pas retenu ici dans nos calculs.

— Je comprends, Arthur, et je trouve ça tout à fait logique.

— Regarde aussi la figure 8, elle t'explique comment prendre les mesures dans le cas d'un comptoir interrompu dans une cuisine sur deux murs parallèles. Ici, tu fais comme s'il n'y avait pas d'interruption et tu additionnes tes bouts de comptoir. Ainsi la distance utile entre la cuisinière et l'évier serait de 1 150 mm (650 mm + 500 mm).

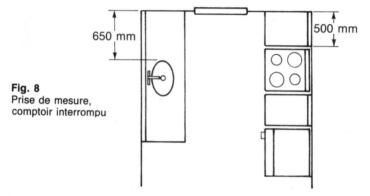

650 mm   500 mm

Fig. 8
Prise de mesure,
comptoir interrompu

— C'est vrai, ça ne m'était pas venu à l'esprit.

— Il existe d'autres espaces qu'on doit respecter pour rendre le travail dans la cuisine plus efficace ou pour prévenir les incendies. Essayez d'en trouver quelques-uns.

— J'ai actuellement un problème quant à un tiroir et à la porte de ma cuisinière, situés à angle droit l'un par rapport à l'autre. Chaque fois que je désire ouvrir ce tiroir, je dois d'abord ouvrir la porte de la cuisinière. Je crois qu'on aurait dû prévoir plus d'espace dans ce coin-là.

— Très juste, Pierre, on doit prévoir un espace minimal de 300 mm (12 pouces) entre le coin d'une armoire basse et une cuisinière ou un lave-vaisselle pour ouvrir facilement les portes et les tiroirs.

Fig. 9

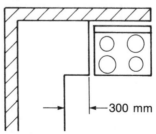

300 mm

— Arthur, je pense que le même genre de problème risque de se produire si le réfrigérateur est trop près d'une armoire basse de coin.

— Oui, Lise, dans ce cas-ci, l'espace minimal doit être de 450 mm (18 pouces) entre le coin de l'armoire basse et le réfrigérateur. Et la poignée du réfrigérateur sera du côté le plus près d'un plan de travail.

Fig. 10

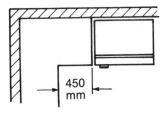

— L'évier de la cuisine d'un de mes voisins est tellement près d'un coin d'armoire basse qu'on y est tout coincé pour travailler.

— On ne doit pas placer un évier près d'un coin de comptoir à moins de 300 mm (12 pouces) sauf si on a prévu l'installation d'un évier en L pour un coin.

Fig. 11

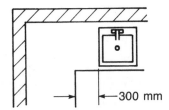

— Arthur, tu blagues?

— Non, absolument pas; l'évier en L existe et il est très utile dans une petite cuisine pour économiser une surface de travail.

Fig. 12

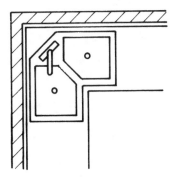

— Enfin, l'emplacement de la cuisinière devrait être à au moins 600 mm (24 pouces) de toute fenêtre, car il faut empêcher les rideaux d'entrer en contact avec les éléments chauffants de la cuisinière.

Fig. 13

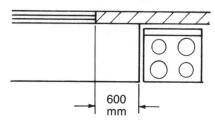

— Cela fait beaucoup de dimensions à retenir, d'autant plus que certaines d'entre elles se chevauchent.

— C'est vrai, Lise, mais en faisant bien attention, on arrive à ne pas se mêler. Tiens, je vais vérifier votre compréhension à l'aide de quelques exercices simples.

Exercices

Exercice A

Fig. 14
Cuisine pour 4 personnes — espaces à identifier

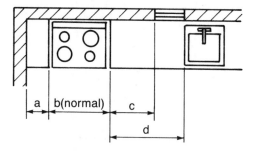

Exercice B

Fig. 15
Cuisine pour 5 personnes — espaces à identifier

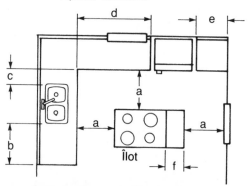

Réponses aux exercices

Réponse A

Fig. 16
Cuisine pour 4 personnes — espaces identifiés

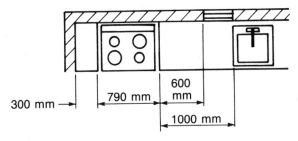

Explications:

a. Pour cuisine de toutes dimensions, espace à accorder à côté de la cuisinière: 300 mm.

b. Espace à accorder à une cuisinière de taille normale: 790 mm.

c. L'emplacement de la cuisinière devrait être à au moins 600 mm de toute fenêtre.

d. Espace à accorder entre une cuisinière et un évier: 1 000 mm.

Réponse B

Fig. 17
Cuisine pour 5 personnes — espaces identifiés

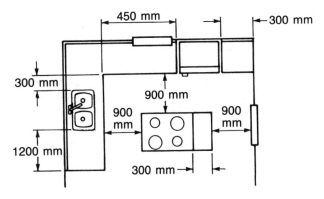

Explications:
a. L'espace utile devant un appareil ménager ou un plan de travail doit être d'au moins 900 mm.
b. L'espace de ce côté de l'évier est considéré comme l'espace à accorder entre la cuisinière et l'évier: 1 200 mm.
c. On ne doit pas placer un évier près du coin à moins de 300 mm.
d. L'espace minimal doit être de 450 mm entre le coin de l'armoire basse et le réfrigérateur.
e. Dans les cuisines pour plus de 3 personnes, on crée un espace supplémentaire de 300 mm près du réfrigérateur.
f. Pour cuisine de toutes dimensions, espace à accorder à côté de la cuisinière: 300 mm.

1.4   Triangle de travail

— Lise, quelles sont les principales activités qui se déroulent dans une cuisine?

_____

_____

_____

— Comme tu le sais déjà, Lise, la cuisine est le théâtre de beaucoup d'activités. On range la nourriture. On lave, rince, brosse, mesure, mélange, coupe, brasse, cuit, sert, mange, lave la vaisselle, range celle-ci pour le prochain repas, sans compter les moments pendant lesquels on récure la cuisinière, le four et le réfrigérateur et lave le plancher qui se salit plus rapidement qu'ailleurs. Et je ne te parle pas des pauses café, des ordures à disposer, etc. Mais on peut regrouper toutes ces activités sous quelques titres, question de simplifier. Pour ce faire, on se reporte aux trois principaux centres d'activités: le réfrigérateur, l'évier, la cuisinière, d'où le poste de rangement, le poste de lavage-préparation et le poste de cuisson-service. Pour qu'une cuisine soit fonctionnelle, il importe de considérer la succession des activités qui s'y déroulent et les distances à parcourir pour aller d'un centre à un autre. Les distances entre le poste de rangement, le poste de lavage et le poste de cuisson forment un triangle qu'on appelle triangle de travail, et dont nous reparlerons. J'aimerais, Lise, que tu me dises ce que tu connais des trois postes de travail.

— Premièrement, je vais te parler du poste de rangement. Il comprend le réfrigérateur, les armoires pour la nourriture et un bout de comptoir accessible même lorsque la porte du réfrigérateur est ouverte.

— Bien, mais dis-moi, Pierre, quel est l'emplacement le plus pratique du réfrigérateur?

— Je crois qu'il doit être le plus éloigné possible de la cuisinière et du four encastré, s'il en existe un, pour éliminer les sources de chaleur qui nuisent au bon fonctionnement du réfrigérateur.

— C'est de la grosse logique! Permets-moi d'ajouter qu'on place parfois le réfrigérateur près de la porte d'entrée de la cuisine pour ménager des pas en revenant de l'épicerie.

— Il est utile de prévoir aussi de grands espaces de rangement pour les gros ustensiles de cuisine et les petits appareils ménagers qui servent à la préparation des aliments.

— Continue, Lise, je t'écoute.

— Puis il y a le poste de lavage équipé de l'évier et d'un comptoir suffisant pour y déposer les aliments à laver et la vaisselle sale. On range souvent sous l'évier les produits de nettoyage et, parfois, la poubelle, si la cuisine ne possède pas de compacteur à déchets.

— Tu devrais, Lise, prévoir une armoire basse d'au moins 630 mm (25 pouces) de largeur à droite ou à gauche de l'évier. Cette armoire pourra être facilement transformée pour y recevoir ton futur lave-vaisselle.

— Enfin, Arthur, une cuisine possède un poste de cuisson où se trouvent la cuisinière et le four. Ce poste comprend des armoires de rangement pour les casseroles, les poêlons, les poêles et les divers accessoires et ustensiles utilisés pour cuire.

— Le périmètre du triangle de travail, Lise, ne doit pas dépasser 6 900 mm (272 po) afin de ménager les pas. Les distances minimales et maximales recommandées en partant du milieu de la face des trois appareils ménagers sont: du réfrigérateur à la cuisinière: 1 200 à 2 800 mm; de la cuisinière à l'évier: 1 200 à 1 900 mm; de l'évier au réfrigérateur: 1 200 à 2 200 mm. Regarde le croquis que je te fais pour illustrer ce que je viens de dire. (Fig. 18, p. 24)

De plus, dans la disposition des éléments d'une cuisine, il faut éviter à tout prix que le triangle de travail ne soit traversé par une zone de passage.

Fig. 18
Triangle de travail

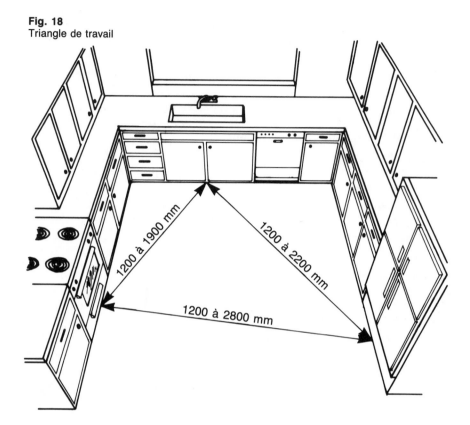

1200 à 1900 mm

1200 à 2200 mm

1200 à 2800 mm

1.5 Armoires de cuisine: vocabulaire de base

— Arthur, j'aimerais bien, avant qu'on aille plus loin, que nous nous entendions sur les termes justes utilisés pour désigner les différentes parties d'une armoire.

— Tu as bien raison, Pierre, il n'y a rien de plus frustrant que de faire des erreurs parce qu'on n'a pas compris le vocabulaire employé par d'autres. De plus, ces mêmes termes facilitent la compréhension entre client et vendeur lors du magasinage éventuel.

Regarde bien la figure suivante, tous les principaux termes reliés aux armoires et aux comptoirs de cuisine y sont, et en bon français.

Fig. 19
Vocabulaire de base

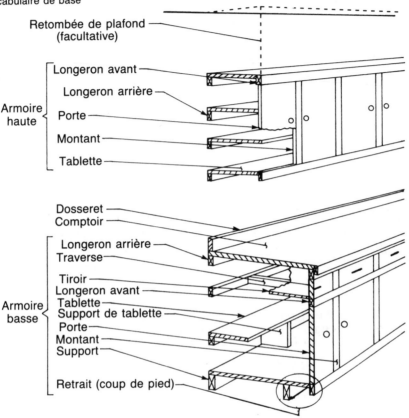

Retombée de plafond
(facultative)

Armoire haute
— Longeron avant
— Longeron arrière
— Porte
— Montant
— Tablette

Dosseret
Comptoir

Armoire basse
— Longeron arrière
— Traverse
— Tiroir
— Longeron avant
— Tablette
— Support de tablette
— Porte
— Montant
— Support
— Retrait (coup de pied)

— Arthur, quelle différence y a-t-il entre *montant, traverse* et *longeron* d'armoire?

— La différence majeure se situe dans la disposition de chacune de ces pièces, les montants étant placés à la verticale, les longerons, dans le sens longitudinal, et les traverses, dans le sens transversal.

— C'est facile à retenir.

— Oui, et ce sera utile lorsque tu auras à construire tes armoires.

1.6 Ventilation

— La question de la ventilation m'apparaît importante quand on décide d'améliorer une cuisine.

Quelles sont vos idées là-dessus?

— Je peux te dire, Arthur, que, quand Pierre a décidé de condamner le ventilateur de la hotte au-dessus de la cuisinière parce qu'il était bruyant, j'ai mieux compris toute son importance.

Après quelques minutes de cuisson, les odeurs, les fumées grasses et l'humidité avaient envahi toute la maison. On a vite fait de le faire réparer.

— Donc, en plus de la porte et des fenêtres, on doit posséder un système de ventilation efficace pour évacuer ou traiter ces agents directement à leur source.

Pourriez-vous me nommer des sortes de systèmes de ventilation?

— Le nôtre, Arthur, possède un tuyau mural qui communique avec l'extérieur.

— Et dans l'appartement qu'on habitait avant d'acheter la maison, tu te souviens, Lise, il y avait une hotte qui filtrait seulement l'air parce qu'il n'y avait pas d'ouverture à l'extérieur.

— Il existe donc des appareils à évacuation et des appareils à recirculation. Les appareils à évacuation sont plus efficaces pour éliminer l'humidité et pour réduire la chaleur dans la cuisine, mais leur installation est plus complexe et fait monter la facture de chauffage.

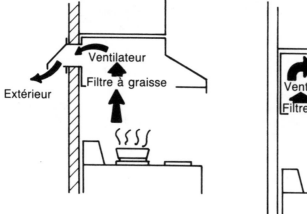

Fig. 20
Hotte à évacuation

Fig. 21
Hotte à recirculation

— Quant aux appareils à recirculation, ils ne sont efficaces que dans la mesure où l'on change le filtre fréquemment, ce qui veut dire de deux à trois fois par année.

— Arthur, le fonctionnement d'une hotte a-t-il de l'importance, car il me semble que les ventilateurs de hottes ne possèdent pas tous des hélices?

— En effet, les hottes peuvent tirer l'air au moyen d'une hélice ou d'une cage d'écureuil qu'on nomme aussi ventilateur centrifuge.

Fig. 22
Ventilateurs

A   B

Quand le conduit d'évacuation d'air est plus long que l'épaisseur du mur extérieur, le ventilateur centrifuge est à retenir. Enfin, les hottes à vitesse variable sont préférables à celles qui n'ont qu'une vitesse. Connaissez-vous une autre sorte de système de ventilation?

— Oui, les ventilateurs de salle de bains sans fenêtre qui sont habituellement installés au plafond.

— C'est en effet un système différent, mais son emploi est déconseillé dans la cuisine en raison de son inefficacité. Je voulais plutôt vous faire penser au ventilateur intégré à la cuisinière, qui aspire fumées, odeurs et vapeur d'eau à leur source même.

— C'est vrai, Arthur, mais je crois que ces cuisinières sont plus chères.

— En effet, mais elles représentent un bon investissement pour celui qui n'a pas encore de hotte ou qui veut rénover hotte et cuisinière du même coup.

— Comment procède-t-on, Arthur, pour une table de cuisson intégrée dans un îlot de travail?

— Pierre, si ta table de cuisson n'est pas du type à ventilation en surface sans hotte, tu devras alors prévoir l'installation d'un conduit qui sortira par le toit ou par un mur extérieur mais jamais dans l'entretoit, à cause de l'humidité qui le ferait pourrir.

— Ce genre d'installation ne doit pas être esthétique, Arthur?

— Pas nécessairement, Lise, car on peut camoufler tout le système par une hotte très décorative, des armoires ou encore des espaces de rangement fermés ou ouverts.

Fig. 23
Hotte d'un îlot de travail

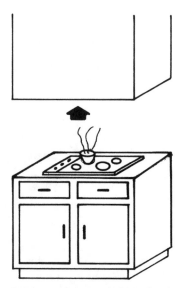

— Il faut que vous reteniez que, dans tous les cas de systèmes à ventilation extérieure, l'air vicié transporté doit circuler dans un conduit le plus droit possible de manière à donner le moins de prise à la graisse qui peut s'y accumuler. Un coude donne autant de friction qu'environ 5 mètres (16 pi) de conduit droit.

— Arthur, ça fait déjà beaucoup de choses que tu nous donnes à surveiller aujourd'hui et nous n'avons pas encore parlé des armoires comme telles.

— Encore quelques conseils en ce qui concerne la plomberie et l'électricité et nous pourrons vraiment passer à vos armoires.

1.7 Plomberie

— Côté plomberie, Arthur, faudra-t-il enlever l'évier? Et à quel moment?

— Qu'en penses-tu, Pierre?

— Je crois que nous n'aurons pas le choix et qu'il faudra l'enlever si nous remplaçons les armoires basses.

— Exactement. Il faut enlever l'évier, la cuisinière et le réfrigérateur dès le début, parce qu'on risque de les endommager si on les laisse en place. Dans la plupart des cas, il sera impossible ou beaucoup plus difficile d'enlever les armoires basses sans avoir d'abord retiré l'évier.

Pour démonter l'évier, on commence par quoi?

— Par les robinets.

— Pierre, ai-je bien entendu?

— Tu n'es pas du même avis, Lise?

— Pas du tout! Car moi je commencerais par couper l'eau.

— Très juste! J'ai failli vous avoir, hein! On coupe d'abord l'eau grâce aux soupapes d'arrêt situées sous l'évier et montées sur les tuyaux d'eau chaude et d'eau froide. S'il n'y en a pas, on ferme la soupape d'arrêt de la conduite d'eau principale. Cette dernière solution est moins pratique car il n'y a plus d'eau dans toute la maison.

— Mais on pourrait, Arthur, couper l'eau de la conduite principale, installer des soupapes d'arrêt sur nos tuyaux dans la cuisine et rétablir l'alimentation en eau dans le reste de la maison.

— Excellente idée, Pierre, j'allais d'ailleurs vous la proposer. Puis on purge les robinets pour éviter les dégâts d'eau. Il faut conserver ou parfois faire ajouter la chambre d'air placée à l'extrémité de chacune des deux colonnes d'eau et destinée à éviter les coups de bélier lors de la fermeture d'un robinet. Enfin, on démonte les robinets et la tuyauterie jusqu'au siphon. Inutile d'aller plus loin à moins d'avoir décidé d'installer l'évier ailleurs, dans le réaménagement. N'oubliez pas de dévisser les attaches métalliques qui ancrent l'évier au comptoir et qui sont fixées sous le pourtour de l'évier. Il faut travailler avec fermeté mais sans coups violents, car on pourrait tordre certaines pièces ou endommager les filets. Alors, gare aux fuites d'eau lors du remontage.

1.8 Électricité

— Si vous décidiez de rebâtir vos armoires, vous auriez aussi la possibilité de replacer les prises de courant et de modifier l'éclairage de vos plans de travail. Êtes-vous satisfaits de l'éclairage actuel?

— Pas très satisfaits, n'est-ce pas, Pierre? Nous avons présentement, deux plafonniers, l'un au-dessus de l'évier et l'autre, au-dessus de la table de cuisine. Après l'achat de la maison, nous avons remplacé l'unique interrupteur par un rhéostat qui nous permet de varier l'intensité de l'éclairage, selon nos besoins. C'était une petite amélioration.

— Dans le cadre de nos travaux, Arthur, nous avons décidé de séparer les deux plafonniers par deux interrupteurs et deux rhéostats, de remplacer celui du coin de travail par un rail muni de trois lampes et celui du coin-repas par une lampe suspendue plus moderne et réglable.

— Finis les coins sombres et les ombres dans notre cuisine. À l'avenir, nous pourrons même fermer l'éclairage du coin-travail au moment de nous mettre à table.

— Vous avez là des idées lumineuses et bien pensées. Dans une cuisine, il faut prévoir suffisamment d'éclairage pour rendre les diverses zones des plans de travail pratiques et pour voir correctement ce qu'on y fait. Par exemple, lire facilement le mode d'emploi sur une boîte de conserve. Vous n'êtes pas sans savoir qu'il existe d'autres possibilités. Vous auriez pu décider d'installer des tubes fluorescents sous les armoires hautes au-dessus des zones de travail intense ou encore de vous lancer dans la création d'un faux plafond formé de supports métalliques en T et de panneaux translucides derrière lesquels sont montés des tubes fluorescents.

— J'ai un ami qui a agrandi sa fenêtre et installé un puits de lumière au plafond afin d'utiliser au maximum l'éclairage naturel.

— Oui, ça connaît une certaine vogue, mais ce sont d'importants travaux pour un bricoleur et qui, de plus, coûtent cher.

Tout ça pour vous dire qu'on doit bien réfléchir à l'éclairage que l'on désire et à l'emplacement des prises de courant et des interrupteurs. Je vous conseille de consulter votre électricien car, de toute façon, vous savez que la loi exige que ces travaux soient effectués par un électricien!

Chapitre 2
Choix des armoires et connaissance des matériaux

Plan du chapitre

2.1 Recherches

— Aujourd'hui, nous allons entreprendre les recherches nécessaires pour mener à bonne fin votre projet.

— Tu sais, Arthur, nous ne sommes pas encore décidés. Allons-nous acheter une cuisine modulaire, améliorer notre cuisine ou la refaire au complet?

— Justement, Lise, vous serez en mesure de prendre une décision après avoir effectué un tour d'horizon de ce que les marchands vous offrent.

— Depuis quelque temps, Lise et moi avons constitué un dossier cuisine dans lequel on a mis tout ce qui nous intéressait après avoir dépouillé des revues de bricolage et de rénovation, des magazines concernant les maisons. On a même visité le dernier salon de l'habitation.

— Qu'est-ce qui vous a le plus frappé jusqu'ici?

— Les conceptions des cuisines offertes. On peut acheter des cuisines modulaires, faites sur mesure ou de dimensions standard.

— Ce sont là vos choix d'achats, il est vrai, mais dans chaque cas, savez-vous quels sont les critères qui vous permettront de comparer les armoires entre elles?

— Arthur, je sais seulement qu'une armoire de bonne qualité est en bois massif, que les charnières, les poignées et les dispositifs de guidage des tiroirs sont solides et résistants. Elle doit aussi être bien ajustée au mur.

— On trouve ce genre d'armoire, Lise, surtout dans les cuisines sur mesure, mais encore faut-il que le menuisier travaille habilement.

Tu as tout de même fait ressortir, dans ta description, la plupart des critères de choix qui sont en fait:

le type de construction
les matériaux
la quincaillerie
le fini et l'entretien
le coût.

Reprenons ces éléments, un à un.

2.2 Types de construction

— Pierre, que sais-tu des modes de construction des armoires?

— Arthur, j'ai remarqué qu'il existe des armoires ayant une structure interne alors que d'autres n'en ont pas.

— Il s'agit en effet d'armoire à charpente par opposition à une armoire sans charpente. Dans laquelle as-tu le plus confiance, Lise?

Fig. 24 Charpente d'armoire

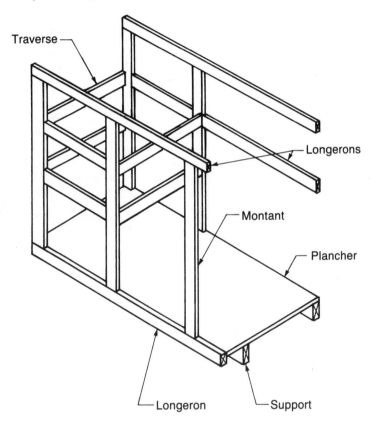

Fig. 25 Armoire sans charpente

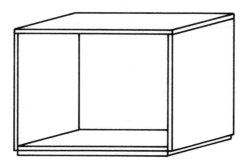

— Je crois que l'armoire à charpente doit être plus solide et plus durable.

— C'est souvent vrai, Lise, mais il ne faudrait surtout pas généraliser. On peut trouver de très bonnes armoires sans charpente et d'ailleurs, la plupart des armoires modulaires sont de ce type et, de plus, elles sont souvent moins chères.

— Arthur, moi, je classifie souvent les armoires selon les portes et les tiroirs, selon qu'ils dépassent du devant de l'armoire ou encore se fondent avec ce devant.

— C'est une bonne observation, Lise, car on parle souvent en fait de trois types de portes et de tiroirs.

Il y a tout d'abord le type à surface unie qu'on appelle à *affleurement*.

Fig. 26
Porte et tiroir à affleurement

Les portes et les tiroirs à affleurement demandent un ajustement précis lors de leur installation mais ne présentent pas d'autres difficultés majeures.

Ensuite, un second type que tu as aussi mentionné comprend des portes et des tiroirs plaqués au devant de l'armoire, et qu'on appelle à *recouvrement.*

Fig. 27
Porte et tiroir à recouvrement

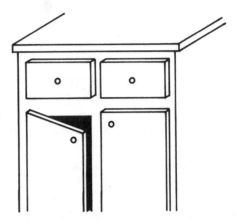

Et finalement, il y a un troisième type qui est un peu intermédiaire entre les deux autres. Une partie de leur épaisseur, la rive, s'ajuste dans l'ouverture tandis que l'autre recouvre un peu les montants de l'armoire. On l'appelle à *feuillure.*

Fig. 28
Porte à feuillure

— Quel est l'avantage de ce dernier type, puisqu'il donne le même effet visuel que la porte à recouvrement?

— La porte à feuillure, Pierre, est plus hermétique que la porte à recouvrement et a ainsi l'avantage d'empêcher les poussières et les fumées de pénétrer à l'intérieur.

Toutefois, la fabrication est un peu plus longue, car il faut créer la feuillure avec une toupie ou une scie à dos. On peut cependant contourner cet obstacle en collant et en vissant deux panneaux ensemble.

En fait, chacun des types est très valable, dépendamment de l'effet esthétique désiré.

— Sur ce point, Pierre et moi aimons un style aux lignes droites et simples, le type à affleurement nous conviendrait donc parfaitement. Notre plus grande hésitation réside davantage dans le choix des matériaux; chaque marchand vantant les mérites de tel ou tel nouveau matériau, comment alors s'y reconnaître?

2.3 Matériaux

— Je te comprends, Lise, même le bois dur est tellement bien imité aujourd'hui qu'on pourrait s'y méprendre. Voici quand même quelques points pour vous éclairer.

Tout d'abord, on peut distinguer quatre grandes catégories de recouvrement d'armoires: le bois massif, le contreplaqué à face extérieure plaquée, le panneau de particules agglomérées plaqué et le panneau recouvert de stratifié.

— Les armoires en bois massif sont sûrement très belles, Arthur, mais elles coûtent si cher!

— Tu as raison, Pierre; aussi, si tu tiens à l'apparence du bois massif, je te conseille d'utiliser un bois plaqué.

— Arthur, quelle différence y a-t-il entre le plaqué et le stratifié?

— Même si le placage et le stratifié servent à revêtir un matériau de support, Pierre, ils ne sont pas semblables parce qu'un placage est toujours constitué d'une mince couche de bois qui permet de donner à un morceau de bois de qualité inférieure l'impression visuelle d'un bois de grande qualité tandis que le stratifié est constitué d'une feuille de résine synthétique. La feuille de placage est très mince et fragile à manipuler, alors que la feuille de stratifié est plus épaisse et rigide.

— Une minute, les hommes, je ne vous suis pas tout à fait. Que signifient *contreplaqué, aggloméré, stratifié*?

— Si tu veux, Lise, laissons pour l'instant le stratifié de côté et différencions le contreplaqué de l'aggloméré, qui sont tous les deux des composés de bois.

Le contreplaqué, bien connu sous le terme anglais «plywood», est formé de minces panneaux de bois encollés et pressés les uns sur les autres et où l'on a interverti le sens des fibres d'une couche à l'autre. On le reconnaît facilement aux couches successives visibles à sa coupe. L'aggloméré, ou encore le panneau de particules agglomérées, est formé pour sa part d'une multitude de petites particules de bois, genre bran de scie, pressées les unes contre les autres en un panneau qui peut ou non contenir un liant (colle).

C'est sur ces deux types de panneaux qu'on installe le placage ou le stratifié.

— Encore ce fameux stratifié!

— J'y venais, Lise, tu saurais sûrement mieux de quoi je parle si j'utilisais les termes «arborite», «formica» ou «mélamine» ou encore «nevamar» qui représentent tous des marques de commerce de feuilles de plastique stratifié. Il s'agit, en fait, de feuilles de papier imprégnées de couches successives de résines polymères (plastique) pressées les unes sur les autres.

— Je comprends, Arthur, c'est aussi ce genre de matériau qu'on utilise le plus souvent sur les comptoirs.

— Oui, dans beaucoup de cas, on recouvre le comptoir de panneaux de stratifié, bien qu'on utilise aussi de plus en plus le comptoir prémoulé, formé d'un panneau de particules agglomérées recouvert de stratifié et adoptant la forme du comptoir.

— Arthur, j'ai vu quelque part un recouvrement de comptoir qui ressemblait à du marbre, connais-tu ce matériau?

— Oui, Pierre, il s'agit du «Corian» développé par la firme Dupont selon une «recette secrète». C'est un excellent matériau du point de vue résistance et esthétique bien qu'il soit plus cher que le stratifié.

Certaines personnes utilisent aussi la céramique sur les comptoirs, ce qui leur permet, entre autres, de pouvoir y déposer des plats très chauds et de bénéficier de la facilité de son entretien. Mais cette fois-ci encore, on doit payer un peu plus pour le matériau et l'installation est aussi plus laborieuse.

— Puisqu'on parle de matériaux, Arthur, peux-tu nous dire lesquels sont recommandés dans les charpentes d'armoire?

— Oui, retenez seulement que les supports principaux des armoires basses sont fabriqués de madriers de pin ou d'épinette alors que le reste de la charpente (montants, traverses et longerons) est généralement en pin. Mais nous y reviendrons si vous décidez de fabriquer vos propres armoires.

2.4 Quincaillerie

— Arthur, je suis d'accord avec toi sur l'effet esthétique du choix d'un matériau particulier mais je trouve que ce sont souvent les poignées et charnières qui donnent le caractère aux armoires.

— C'est juste, Lise, le choix de la quincaillerie est maintenant tellement vaste qu'il permet de satisfaire tous les goûts. J'ajouterais toutefois que la quincaillerie n'a pas seulement une fonction esthétique.

Fig. 29
Types de charnières

Types de charnières	Types de portes		
	A À affleurement	B À recouvrement	C À feuillure
De surface	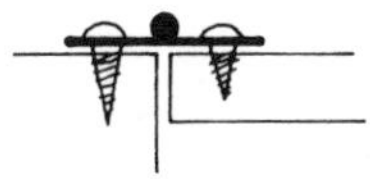	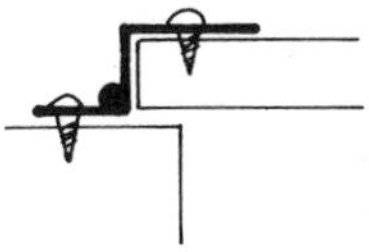	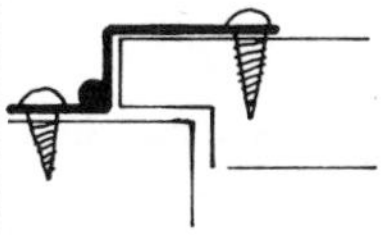
Partiellement dissimulées	N/D	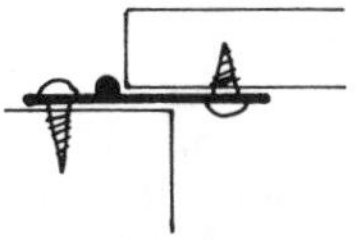	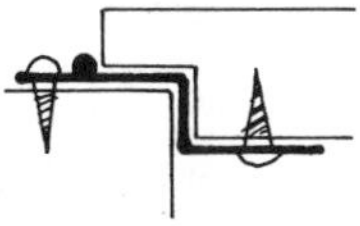
Dissimulées	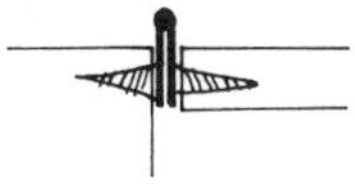	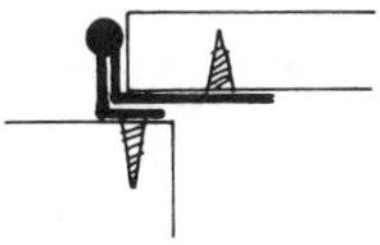	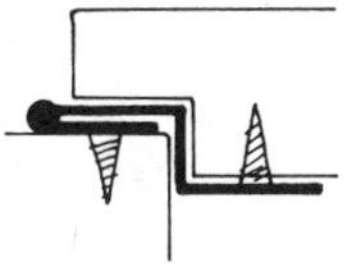
Totalement dissimulées	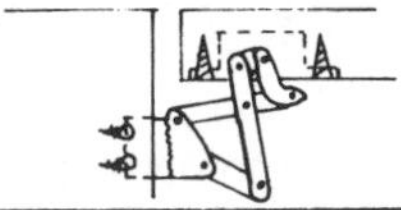	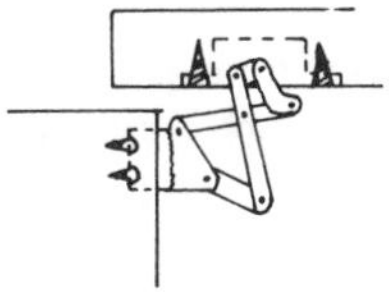	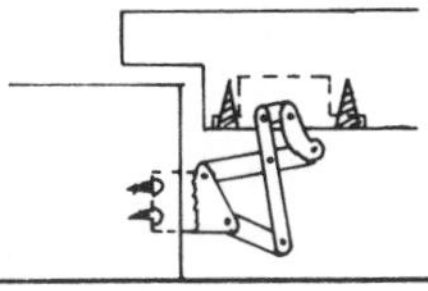
Haut et bas	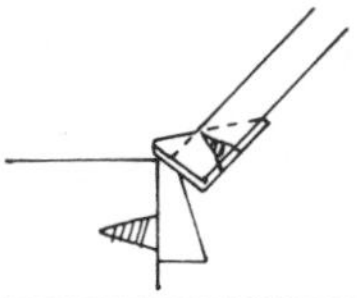	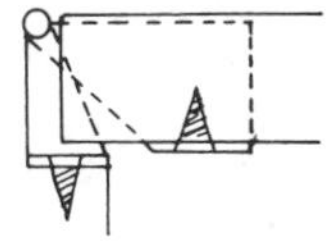	N/D

Les poignées doivent être bien situées pour une utilisation facile et leur forme peut aussi être choisie en fonction de l'utilisateur, bien qu'on trouve de plus en plus fréquemment de portes sans poignées.

— Arthur, je crois aussi qu'on doit utiliser les charnières de type spécial pour les portes à affleurement de façon à conserver les surfaces unies.

— Oui, je vous ai apporté des figures montrant plusieurs types de charnières offertes sur le marché en fonction des types de portes employées. (Fig. 29, p. 39)

La charnière de surface sert souvent à créer un style et à décorer. Sa forme est assez variée. La charnière dissimulée permet de cacher presque entièrement la charnière. Cette dernière est utile aussi pour des portes et des armoires en contreplaqué. Il est difficile de faire tenir solidement des vis dans l'épaisseur du contreplaqué, on peut visser la charnière dissimulée dans la paroi interne de l'armoire et de la porte. La charnière continue, appelée aussi charnière à piano, sert surtout quand on doit répartir les charges d'une porte lourde. On n'a pas besoin de créer de mortaises pour ce type de charnière.

Fig. 30
Charnière continue (ou à piano)

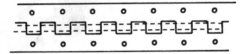

On peut installer une porte à affleurement même si l'armoire ne possède pas de montant. Je pense ici à une armoire sans charpente. Il existe une sorte de charnière qu'on fixe dans la rive du panneau de côté de l'armoire et sous la partie inférieure de la porte. Enfin, on pose d'abord les charnières sur la porte et ensuite on les visse au montant ou au bâti de l'armoire. Cette règle vaut pour toutes les portes et pour toutes les charnières.

Un autre conseil: Faites attention si vous choisissez une charnière coudée pour une porte à feuillure.

— Pourquoi?

— Parce que les charnières coudées se vendent en plusieurs dimensions. Il faut toujours faire la feuillure d'une porte en fonction de la charnière coudée achetée.

— Est-ce qu'on installe encore des loquets pour maintenir les portes fermées?

— Oui, Lise, mais on a tendance de plus en plus à installer des charnières munies d'un ressort qui entre en fonction et ferme complètement la porte quand cette dernière arrive à environ 300 mm ou 400 mm de son point de fermeture. Si la charnière ne possède pas de dispositif à ressort, on installe alors des loquets classiques. Cette dernière catégorie comprend les loquets à friction, à rouleau, à double rouleau et les loquets aimantés.

Fig. 31
Types de loquets

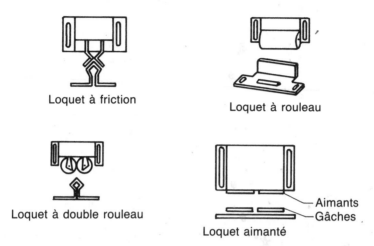

Loquet à friction

Loquet à rouleau

Loquet à double rouleau

Aimants
Gâches

Loquet aimanté

— Faut-il tenir compte des types de portes lorsqu'on achète les loquets?

— Non, Pierre, car on peut installer chaque sorte de loquet pour tous les types de portes.

Pour les tiroirs, on fixe des guides pour faciliter leur ouverture. Il y a deux catégories de guides, les guides à glissement latéral et les guides à glissement central.

Fig. 32

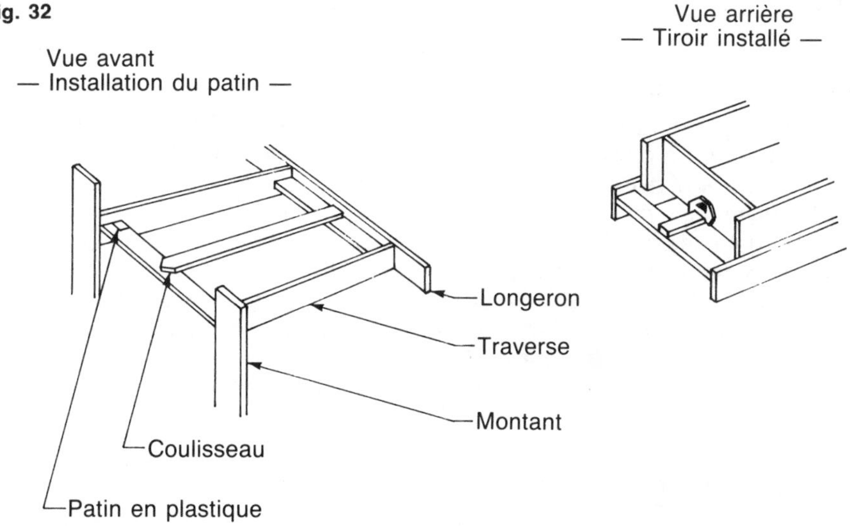

Vue arrière
— Tiroir installé —

Vue avant
— Installation du patin —

Longeron

Traverse

Montant

Coulisseau

Patin en plastique

— Et n'existe-t-il pas aussi des guides latéraux en bois construits sur les cadres d'un tiroir pour lui permettre de glisser?

— Tu as raison, Pierre, je n'en ai pas parlé parce que ces guides sont construits en même temps que l'armoire et le tiroir. Or, présentement, nous parlons uniquement de la quincaillerie que l'on achète et installe. Dans la catégorie des guides à glissement latéral, on trouve les guides à rail simple (fig. 33) et les guides à rail double (fig. 34). Ces guides permettent d'ouvrir complètement le tiroir sans le faire basculer.

Fig. 33
Guides à rail simple

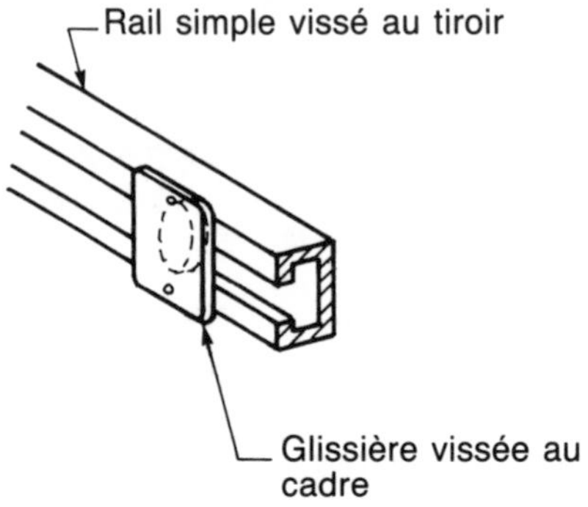

Fig. 34
Guides à rail double

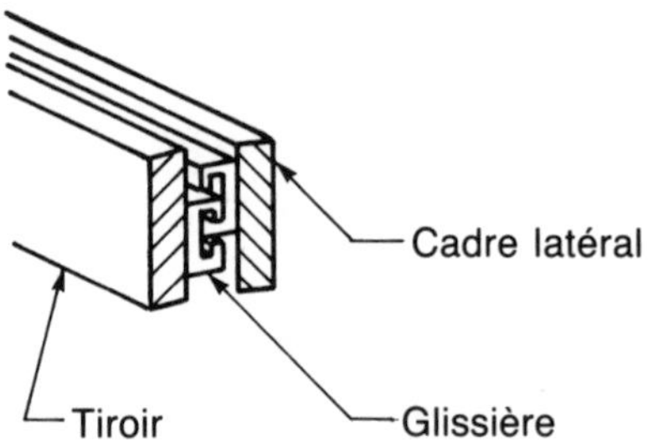

Rail simple vissé au tiroir

Glissière vissée au cadre

Cadre latéral

Tiroir

Glissière

2.5   Fini et entretien

— Quand on a choisi des armoires en bois massif ou plaquées de bois, que faut-il faire après leur installation?

— Cela dépend. Sont-elles vendues finies? Peut-être ont-elles reçu une couche de peinture cuite en usine, alors vous n'aurez pas d'entretien à faire avant plusieurs années. Si les armoires de bois sont livrées non traitées, vous devrez dès leur installation procéder à leur fini. À ce moment-là, il faudra songer à les teindre et à les vernir ou à simplement les vernir. On recommande de faire des essais de teinture sur du bois semblable à celui des armoires avant d'exécuter le vrai travail. Vous pouvez peindre vos armoires. Cependant la peinture, qui était certainement le matériau de finition le plus répandu, n'est guère plus utilisée car elle se détériore et s'écaille avec le temps et oblige le propriétaire à faire des retouches et à repeindre périodiquement l'ensemble des armoires.

— Si on se réfère au comptoir en stratifié et au comptoir prémoulé, est-ce que leur entretien est difficile?

— Non, Lise, à cause de leur résistance et de leur durabilité, un simple coup de torchon imprégné d'eau savonneuse suffit. Il faut éviter la laine d'acier ou les abrasifs. On recommande de ne pas déposer de plats chauds ou d'appareils électroménagers de cuisson directement sur leur surface. Enfin, on n'y laisse pas la vaisselle s'égoutter trop longtemps et on ne se sert pas de la surface de la table pour couper les aliments.

— En fait, le gros bon sens suffit pour conserver nos comptoirs dans le meilleur état, le plus longtemps possible. Je suis certaine que tu es d'accord avec moi, Pierre.

— Tout à fait, Lise.

2.6 Budget

— Avez-vous idée du prix des armoires de cuisine?

— Je crois, Arthur, qu'on devrait plutôt parler du budget consacré à sa cuisine. Certains propriétaires ne désirent ajouter qu'un peu d'espace de rangement, rafraîchir les armoires avec de la peinture et les rajeunir en changeant les poignées et les boutons des portes et des tiroirs. Il s'agit là d'une amélioration pour un petit budget. D'autres décident de mettre la cuisine à nu, de tout recommencer à neuf, de créer une nouvelle disposition, d'acheter des armoires ultramodernes de la meilleure qualité et d'équiper la cuisine des appareils électroménagers les plus sophistiqués. Il va sans dire que cela exige un très gros budget.

— Et avez-vous pensé à toute la gamme des possibilités qui se situent entre ces deux budgets?

— C'est logique, Lise, car chaque projet reflète les besoins d'un propriétaire.

— Pierre et moi ne possédons qu'un budget moyen à consacrer à la cuisine. Nous ne voulons pas mettre tous nos oeufs dans le même panier. Nous ne voulons pas consacrer toutes nos économies à la cuisine pour nous retrouver dans l'impossibilité, pendant quelques années, de procéder à d'autres améliorations dans la maison. Nous avons visité quelques fournisseurs, comparé les prix et évalué la qualité. Nous n'achèterons pas les armoires modulaires que nous aimerions. Et, comme nous ne voulons pas attendre avant de rajeunir la cuisine, nous étudions présentement la possibilité de l'améliorer.

Chapitre 3
Amélioration d'une cuisine

Plan du chapitre

3.1 Procédés

— Arthur, pourrais-tu nous conseiller sur la manière de procéder à l'amélioration de notre cuisine?

— Je suis content que vous me posiez cette question; trop de gens se lancent dans les rénovations sans en avoir analysé les problèmes et, en conséquence, ne les résolvent qu'à moitié.

Je crois qu'il faut procéder très méthodiquement, en commençant premièrement par vérifier que les dimensions actuelles de la cuisine respectent bien toutes les normes et les recommandations.

— Ça, nous l'avons déjà fait lors de nos discussions antérieures.

— C'est exact, Pierre, ainsi vous pouvez maintenant dresser une liste de toutes les améliorations que vous voulez effectuer, qu'il s'agisse des armoires comme telles, tout autant que le remplacement d'appareils électroménagers ou les changements de plomberie, d'éclairage ou de ventilation.

— Nous avons de bonnes idées là-dessus; peut-être que ton oeil averti nous en fera découvrir d'autres.

— Oui, et lorsque cette liste sera dressée, il faudra analyser chacun des points relevés, connaître éventuellement la cause des détériorations, énoncer les solutions possibles et choisir la meilleure selon ses goûts.

— Hum! Ça risque d'être long, Arthur.

— Peut-être, Lise, mais quant à faire ces travaux, autant les bien faire et pour longtemps.

— On peut se mettre ensuite au boulot, j'espère!

— On met la main à la pâte, mais pas dans n'importe quel ordre.

— Que veux-tu dire, Arthur?

— Eh bien, si l'on ne veut pas endommager les parties déjà améliorées, il faut respecter une certaine logique d'exécution.

Voici quelques suggestions qui pourront vous aider:

1° Enlever les sections détériorées et les appareils à remplacer.

2° Effectuer toutes les modifications «cachées» avant celles qui sont apparentes, c'est-à-dire les changements de tuyaux de plomberie, de fils électriques, puis l'ajustement de glissières, de loquets, enfin la réparation de l'intérieur des armoires, etc.

3° Effectuer les modifications des armoires hautes avant celles des armoires basses.

4° Effectuer les modifications de toutes les armoires avant celles du comptoir.

5° Effectuer, en dernier lieu, les modifications qui concernent les appareils ménagers.

Dans tous les cas, on devrait débuter par les gros travaux de construction avant d'exécuter le fini.

— Tout cela me semble bien logique, Arthur, et il faudra que je restreigne mon enthousiasme et que je respecte tes suggestions.

— Tu m'honores, Pierre. Maintenant que vous vous êtes assurés que les dimensions de votre cuisine respectent les normes, voyons la liste des améliorations que vous envisagez.

3.2 Liste des améliorations envisagées

— Comme nous l'avons déjà mentionné, nous avons quelques remaniements électriques à faire effectuer; nous avons décidé de changer aussi de hotte et de remplacer notre cuisinière par une table de cuisson et un four encastré.

D'autre part, dans l'ensemble, notre cuisine est assez fonctionnelle. La superficie est suffisante et le triangle de travail, tout à fait acceptable pour une cuisine aussi vieille. Mais il y a place à amélioration et à rajeunissement.

— Si tu jettes un coup d'oeil aux armoires, Arthur, tu verras immédiatement, que le temps a eu raison du vernis. En de nombreux endroits, les portes et les tiroirs sont égratignés quand ils ne sont pas carrément écaillés, surtout sur la partie basse où le plaqué n'existe plus.

— Oui, Pierre, je vois qu'il y a plusieurs portes à réparer.

— De plus, certains tiroirs s'ouvrent mal ou ne glissent plus bien et les charnières des portes semblent usées et elles grincent.

— Viens examiner l'intérieur des armoires, Arthur. Tout est peint en blanc. Les tablettes et les planchers des armoires basses sont rugueux. Dans les espaces de rangement destinés aux poêles et aux casseroles, les surfaces des tablettes sont toutes marquées par le déplacement de ces articles. Il est pratiquement impossible de faire disparaître ces marques.

— Il y a moyen de régler ce problème, Lise.

— Regardez le comptoir qui est en stratifié.

L'usage d'abrasifs pour le nettoyer l'a rendu terne et rugueux par endroits. Des casseroles trop chaudes ont brûlé le comptoir, en y laissant des cernes roussis qui ne partent pas. Quant à ce qui tient lieu de dosseret, un second morceau de stratifié collé au mur, il crée un joint avec la surface de travail. Eh bien! l'eau s'y infiltre sans difficulté. D'ailleurs, un petit bout du comptoir à l'arrière de l'évier a commencé à pourrir.

3.3 Analyse et solutions des problèmes

— Si vous êtes d'accord avec moi, nous allons reprendre chacun des problèmes relevés dans votre cuisine et trouver ensemble une solution à chacun. Commençons par l'état de vos armoires plaquées de bois.

— Nous avions d'abord pensé, Pierre et moi, à réparer les parties endommagées.

— Cela est parfois possible, mais dans votre cas, ce sera difficile.

— Je m'en doute un peu. Le bois, la teinture, le vernis ont vieilli et ont été exposés à la lumière du jour. Par conséquent, il sera impossible de recréer, avec un placage neuf, les mêmes nuances que sur l'ancien. Les parties réparées détruiraient l'esthétique de l'ensemble de vos armoires.

— Si vous décidez de replaquer, il vous faudra refaire le placage de toutes vos armoires. C'est un long travail qui nécessite beaucoup de patience. Connaissez-vous le similibois vendu sous le nom de Rénovar?

— Non.

— C'est un matériau de revêtement assez nouveau sur le marché. En fait, il s'agit d'un produit synthétique qui imite le bois tout en étant plus résistant que ce dernier. On le dit inaltérable, économique et, pour un bricoleur, facile à poser. Chaque plaque vendue possède des moulures incorporées. Vous n'avez donc pas besoin d'acheter de moulures décoratives. La technique de pose ressemble beaucoup à celle du stratifié.

— Inutile d'aller plus loin, Arthur, tu sais, nous, les moulures...

— Ah oui! c'est vrai, j'avais oublié votre préférence pour un style uni.

— À bien y penser, je crois que nous allons réparer nos armoires et les peindre.

— Dans ce cas, la difficulté sera de bien réparer le placage actuel. Certains produits permettent de boucher les fissures et de rebâtir les éclats enlevés; je pense à la pâte de bois ou à des résines, mais dans chaque cas, il sera difficile d'obtenir une bonne adhérence et surtout une apparence de neuf. Renseignez-vous bien avant d'entreprendre quoi que ce soit en ce sens. En revanche, si vous décidez d'installer du stratifié, je pourrai vous y aider (voir chapitre 4).

— Tu pourras sûrement nous aider, car nous avons pensé à recouvrir les surfaces des tablettes de stratifié.

— Oui, c'est une bonne solution; et pour votre comptoir, vous remplacez aussi les panneaux de stratifié?

— Non, Arthur, nous irons cette fois vers un comptoir prémoulé recouvert de stratifié et nous éliminerons ainsi le problème d'infiltration d'eau grâce au dosseret incorporé (voir détails d'installation au chapitre 5).

— Vérifiez bien l'état de la charpente lorsque vous enlèverez les vieux panneaux de stratifié et le support de contreplaqué, car il y aura sûrement un ou deux longerons à remplacer à l'arrière de l'armoire, là où l'eau s'est infiltrée.

Profitez-en aussi pour remettre le plus possible au niveau toute la structure de l'armoire basse. Les années finissent toujours par créer de petits écarts qui sont responsables des tiroirs difficiles à ouvrir et des portes désalignées. Ce n'est pas toujours possible de rétablir à la perfection, mais on peut tout de même arriver à de bons résultats à l'aide de quelques vis et d'un ou de deux renforts de coin.

— Merci, Arthur, je n'y aurais pas pensé; d'ailleurs on pourrait faire de même avec les portes et les tiroirs en même temps que nous remplacerons les charnières et les guides usés.

— Oui, et vérifie bien si ta quincaillerie est vraiment endommagée, car parfois, juste un peu d'huile et un réajustement suffisent pour les remettre en ordre pour vingt autres années.

— Quant aux remaniements électriques, nous n'avons pas changé d'avis et nous allons installer un rail et des lampes réglables au-dessus du coin de travail et garder le plafonnier au-dessus du coin-repas. Toutefois, les interrupteurs seront indépendants et à intensité variable.

— Et pour la hotte, Lise, que désirez-vous?

— Celle-ci est vieille et en mauvais état, et l'achat d'une hotte neuve n'est pas un luxe. Toutefois, pour cet achat l'addition de vitesses variables et la vérification du niveau de bruit sera grandement considérée.

— Enfin, Arthur, nous nous débarrasserons de la vieille cuisinière que mes parents nous avaient donnée à notre mariage et la remplacerons par un four encastré et une table de cuisson. Nous devrons donc, en conséquence, prévoir, dans le comptoir, l'emplacement de la table de cuisson.

3.4 Séquence d'exécution

— Après avoir fait le tour des améliorations envisagées, lequel d'entre vous peut maintenant me dire dans quel ordre vous effectuerez ces travaux?

— Pourquoi ne pas commencer par les remaniements électriques?

— Pas trop vite, Pierre, enlevez tout d'abord les équipements à remplacer, soit la hotte et la cuisinière, puis démantelez le comptoir de stratifié et alors on pourra faire les remaniements.

En ce qui concerne les remaniements électriques, tu peux passer tes fils et poser les rhéostats, mais attends un peu avant de fixer le rail et les lampes, car il s'agit d'articles assez fragiles que nous poserons à la fin.

— Ensuite, je peux réparer la structure de l'armoire et remplacer les morceaux brisés, et réajuster aussi au meilleur niveau possible la charpente des armoires.

— Continue, Lise.

— Je peux ensuite remplacer ou réparer la quincaillerie et, par la même occasion, ajuster portes et tiroirs. Après cela, je recouvrirai les tablettes de stratifié. L'intérieur terminé, je m'attaquerai aux façades des armoires.

— Tu commences par l'armoire basse ou l'armoire haute?

— L'armoire haute, bien sûr, puis l'armoire basse. Ensuite je pourrai installer mon comptoir prémoulé.

— En ayant pris bien soin de situer l'emplacement de la nouvelle table de cuisson.

— Merci, Pierre. Finalement j'installerai le rail et les lampes, la hotte, le four encastré et la table de cuisson.

— Bravo! Lise, et bonne chance à vous deux dans ces travaux.

Chapitre 4
Rénovation
d'une cuisine

Plan du chapitre

4.1 Planification

— Où êtes-vous rendus dans votre projet de cuisine?

— La dernière fois que nous nous sommes vus, nous étions presque décidés à améliorer notre cuisine. Un peu de peinture par-ci, du stratifié par-là, un comptoir prémoulé, etc. Bref, après avoir marchandé des matériaux, on a constaté que si on mettait un peu plus d'argent dans le budget, on pourrait construire des armoires neuves en moins de temps qu'il ne faudrait pour seulement les améliorer. On a donc décidé de rénover la cuisine.

— Alors quel est le premier point que vous voulez aborder?

— Nous désirons parler des dimensions idéales des armoires.

— D'accord, mais avant cela, il faudra préciser les dimensions à respecter pour les armoires.

Vous avez déjà mis sur papier les éléments que vous désirez améliorer. Ils vous serviront. De plus, vous aurez besoin de tracer le plan de la cuisine mise à nu et d'y inscrire toutes les dimensions. En passant, comme votre cuisine est assez grande et possède un espace pour manger, vous devrez l'intégrer au plan pour ne pas empiéter sur le coin-repas lors de la construction des armoires et de la mise en place des appareils électroménagers. Il est à noter que le plan sera utile lorsque vous vous présenterez chez un marchand de matériaux ou chez un entrepreneur. Voici un exemple de plan de cuisine. (Fig. 35, p. 56)

Comme pour les espaces recommandés pour les appareils ménagers et les plans de travail, on doit respecter certaines dimensions pour les armoires de cuisine.

Dans un passage tiré des *Normes canadiennes de construction* on lit: «[...] la cuisine d'un logement doit comporter un plan de travail d'au moins 550 mm (environ 22 po) de profondeur et d'au moins 1,35 m² (environ 14,5 pi²) de surface utile, bloc-évier inclus et une armoire basse d'au moins 1,8 mètre (environ 6 pieds) linéaire de front [...].

Indépendamment des armoires basses décrites, [...] il faut prévoir des rayonnages d'au moins 2 m² (environ 22 pi²) de surface situés à une hauteur de 2 000 mm (78 po) au plus par rapport au plancher. La profondeur des rayons doit être de 280 mm (11 po) au minimum pour une surface d'au moins 1,5 m² (16 pi²) et la hauteur utile entre les rayons ne doit pas être inférieure à 210 mm (8¹/₄ po) [...].

Lorsque la profondeur des rayons dépasse 280 mm (11 po), la valeur à prendre en compte pour le calcul de la surface de rayonnage reste de 280 mm (11 po).»

Fig. 35
Plan de cuisine

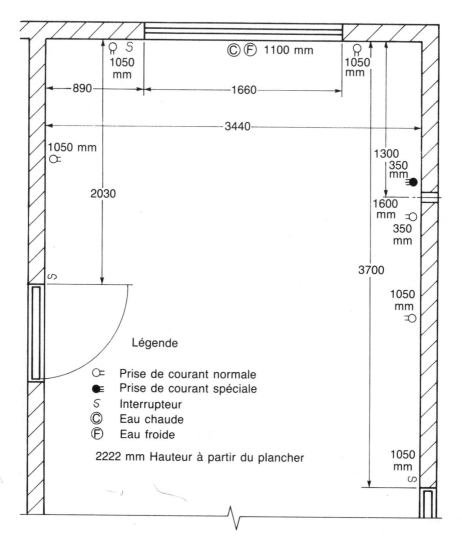

On recommande des armoires basses, y compris le comptoir, d'environ 900 mm (35 po) de hauteur et des armoires hautes à environ 400 mm (16 po) au-dessus du plan de travail. Le retrait est de 100 mm (4 po) de profondeur et de 81 mm (3 po) de hauteur.

En se basant sur ces données (voir fig. 36, *Dimensions recommandées des armoires*), on peut les adapter à ses besoins en variant de quelques millimètres, en plus ou en moins, selon que l'on est plus grand ou plus petit que la taille moyenne des gens. Des armoires hautes plus basses donnent un meilleur accès aux tablettes du haut. Une armoire basse plus haute permet de travailler à l'aise sans avoir à courber le dos.

Fig. 36
Dimensions recommandées des armoires

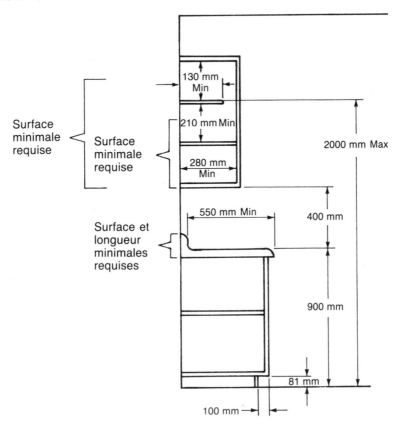

À l'emplacement de la cuisinière, on installe une hotte d'évent sous une armoire haute. Dans le cas d'une table de cuisson à ventilation en surface intrégrée, on n'a pas besoin de hotte mais on doit installer l'armoire haute à une hauteur sécuritaire d'environ 900 mm (35 po) au-dessus de la table de cuisson.

— Arthur, je m'excuse de t'interrompre, mais tu ne m'as pas encore renseignée sur la dimension idéale des portes et des tiroirs comme je l'ai demandé au départ.

— Voici, Lise, il n'existe pas une dimension idéale pour les portes et les tiroirs; il faut que tu puisses ranger et retirer la vaisselle et les aliments sans tracas. C'est souvent l'emplacement de tes appareils ménagers qui te dictera la largeur de telle ou telle paire de portes. Toutefois, si tu as le choix des emplacements, je te suggère d'utiliser, comme base, les dimensions standard employées par les manufacturiers d'armoires modulaires.

Tableau IV

Hauteur standard des armoires modulaires

	Largeurs: 300, 400, 500 ou 600 mm		12, 15, 18, 21 ou 24 pouces	
	Système métrique		Système impérial	
	Armoire	Porte	Armoire	Porte
Armoire haute	700 mm	694 mm	30 pouces	29 3/4 pouces
Armoire basse	870 mm	694 mm	34 3/4 pouces	29 3/4 pouces
Armoire pleine hauteur	2 100 mm	1 942 mm	84 pouces	79 pouces
Tiroir	—	126 ou 182 mm	—	$7^1/_2$ ou 10 pouces

Ainsi, en utilisant ces dimensions lors de la construction d'armoires avec charpente, il te sera toujours facile de remplacer tes portes ou tes tiroirs endommagés ou démodés en faisant appel à un manufacturier d'armoires modulaires.

4.2 Choix des matériaux

— Nous savons qu'il existe une grande variété de bois. Mais est-il recommandé, Arthur, de construire tout en chêne, par exemple, si on a décidé d'avoir des armoires au fini de chêne?

— Absolument pas. On construit habituellement, la charpente interne avec du bois de moindre qualité et moins cher. Voilà ce qui explique la grande popularité du pin pour la fabrication des longerons, des traverses et des montants. Je vous conseille d'acheter des panneaux plaqués de stratifié pour les tablettes. Pour les surfaces externes des armoires, des portes et des tiroirs, vous avez le choix entre du bois massif ou du contreplaqué (ou de l'aggloméré) dont une ou deux faces sont recouvertes d'une feuille de placage en bois de très bonne qualité tels le chêne, l'érable, le merisier, etc. Quand les deux côtés d'une pièce de bois seront visibles, on retient de préférence les panneaux plaqués sur les deux faces.

— Utilise-t-on des clous ou des vis pour joindre les pièces?

— On peut utiliser l'un ou l'autre, mais les vis offrent toutefois une plus grande force de soutien que les clous. Des vis à embouts carrés ou des clous de 75 mm (3 po) serviront à fixer les supports et les longerons aux planchers et aux murs tandis que des vis ou des clous d'une longueur de 50 mm (2 po) seront suffisants pour les traverses et les montants des tablettes. Je te recommande aussi de faire usage de colle blanche dans tous les joints, en plus de renforcir la structure, elle permet de diminuer les craquements éventuels. Finalement, l'usage d'équerres ou autres supports métalliques peut s'avérer très judicieux dans de grandes armoires.

4.3 Fabrication des armoires

— Oh! mais quel changement, Pierre!

— Tu as raison, Arthur, on vient de terminer d'enlever les vieilles armoires. Les appareils électroménagers, l'évier et la hotte ont été transportés dans la pièce voisine.

— Un vrai chantier, n'est-ce pas, Pierre?

— Oui, Lise, c'est maintenant que le plaisir commence.

— Qu'avez-vous fait de vos vieilles armoires?

— Nous les avons démontées avec le plus de précautions possible de manière à pouvoir les récupérer. Certains éléments pourront servir dans les chambres des enfants, d'autres dans l'atelier de Pierre. Nous saurons les recycler ailleurs. Il n'est surtout pas question de les jeter. Mais revenons à nos travaux. Faut-il commencer par les armoires hautes ou les armoires basses?

— Je vous conseille de construire d'abord vos armoires hautes parce que les armoires basses gêneraient vos mouvements. À quelle hauteur les mettrez- vous?

— Arthur, tu nous as recommandé, l'autre jour, de construire l'armoire basse sur une hauteur d'environ 900 mm et de laisser environ 400 mm entre celle-ci et l'armoire haute, j'en conclus donc que le bas de notre armoire haute sera à environ 1 300 mm du sol.

— C'est bien calculé, Pierre; maintenant voyons la hauteur requise de ton armoire haute. On doit tenir compte (voir fig. 37) de la largeur du longeron inférieur (l), de l'épaisseur des tablettes (e) et de leur nombre (n) ainsi que de l'espace laissé entre chacune des tablettes (d).

Fig. 37
Charpente d'armoire haute

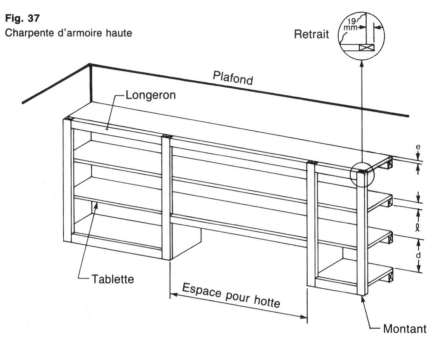

Ce qui donnerait:

Hauteur d'armoire haute = (l) + [e x (n + 1)] + (d x n).

— Arthur, je ne comprends pas pourquoi tu ajoutes 1 au nombre de tablettes lorsque tu multiplies par l'épaisseur des tablettes?

— C'est simple, Lise, tu dois tenir compte du panneau supérieur de l'armoire. Faisons le calcul: les longerons ont généralement 38 mm de largeur, l'épaisseur des tablettes sera de 19 mm (3/4 po), disons aussi qu'on mettra 3 tablettes espacées de 250 mm, ce qui donne:

Hauteur d'armoire haute =
38 mm + (19 mm x 4) + (250 mm x 3) = 864 mm

— Arthur, je peux donc poser immédiatement les longerons du haut et du bas de l'armoire.

— Ne va pas trop vite, Pierre, commence par tracer sur le mur une ligne de niveau à l'emplacement de chacun des longerons.

Si le plancher est bien au niveau tu peux t'en servir comme point de référence pour prendre les mesures de part et d'autre de la pièce, mais le plus sûr est de prendre la mesure toujours du même côté et de tracer la ligne en t'assurant de son horizontalité avec un niveau à bulle. Fais bien attention à l'épaisseur de chacune des tablettes. Regarde le croquis que je t'ai fait et vérifie les dimensions indiquées.

Fig. 38
Traçage des lignes de niveaux

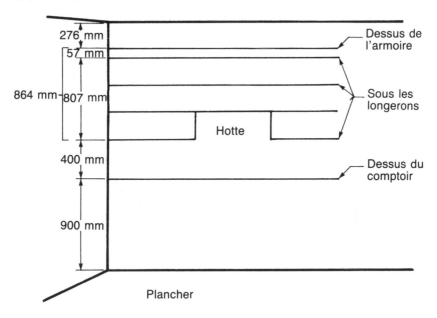

— Je constate en effet que chaque ligne indiquant le bas des longerons est espacée de 269 mm, soit l'épaisseur de la tablette (19 mm) plus l'espace entre chaque tablette (250 mm).

— Je vois aussi, Arthur, que tu as tenu compte de l'emplacement de la hotte, je n'y pensais plus!

— Comme vous ne voulez pas de retombée de plafond, vous aurez un dégagement de 276 mm au-dessus de l'armoire haute.

— Qu'est-ce qu'on fait d'un mur inégal?

— On corrige, Lise, les inégalités le plus possible. Puis on trouve l'emplacement d'un montant de la charpente de la maison à l'aide d'un poinçon ou mieux encore en perçant de petits trous sur une courte distance. Les autres montants sont espacés de centre à centre à 410 mm (16 po) ou à 610 mm (24 po) de distance. Enfin on commence la construction de la charpente de l'armoire haute.

Fig. 37
Charpente d'armoire haute

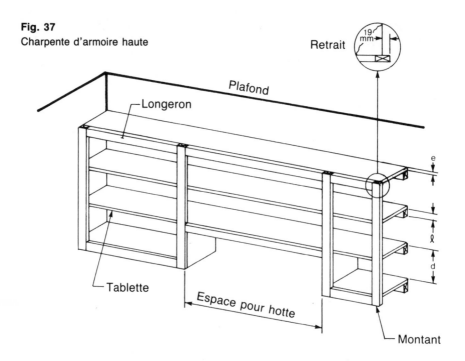

On fixe au mur les longerons en pin de 19 mm sur 38 mm (1 po sur 2 po) du dessus et du bas ainsi que ceux des tablettes à l'aide de vis de 75 mm à raison de 2 par montant. On pose le panneau du dessus et les tablettes sur les longerons avec des vis de 50 mm (2 po). On doit, comme je l'ai indiqué plus tôt, consolider le tout en mettant de la colle blanche entre les joints.

— Arthur, tu nous as mentionné des longerons de 19 mm sur 38 mm et si je convertis à l'aide du tableau que tu nous a donné plus tôt (voir Tableau I), ça me donne 3/4 po sur 1½ po. Or, je n'ai jamais vu ces dimensions chez un marchand. Que dois-je comprendre?

— En effet, Pierre, le marchand te vendra un morceau de bois de 1 po sur 2 po, ce qui représentait sa dimension nominale avant qu'il ne soit aplani. Mais sa dimension réelle sera moindre. Pour t'y retrouver, regarde le Tableau V.

Tableau V

Dimensions nominales et dimensions réelles des pièces de bois

Le tableau suivant est valable pour des pièces d'épinette et, parfois, pour d'autres variétés de bois.

Système impérial		Système international (métrique)
Dimension nominale	Dimension réelle	Dimension nominale et réelle
1″	3/4″	19 mm
2″	1 1/2″	38 mm
3″	2 1/2″	64 mm
4″	3 1/2″	89 mm
6″	5 1/2″	140 mm
8″	7 1/4″	184 mm
10″	9 1/4″	235 mm
12″	11 1/4″	286 mm

Dans tous les cas, tu dois vérifier les dimensions réelles du bois que tu achètes. Un ″2 x 3″ ne mesure jamais 2″ x 3″, mais plutôt 1 1/2″ x 2 1/2″, 1 3/4″ x 2 3/4″, 1 5/8″ x 2 5/8″ ou 1 1/4″ x 2 1/4″.

— Arthur, quelle largeur de tablette nous recommandes-tu pour l'armoire haute?

— Je te suggère 300 mm (12 po), largeur suffisante pour ranger de grandes assiettes et pour ne pas trop limiter l'accès au fond de l'armoire. En passant, utilise du contreplaqué ou de l'aggloméré de 19 mm (3/4 po) d'épaisseur puisque ces panneaux ne seront pas visibles de l'extérieur. Vient ensuite l'installation des montants qui consolident le devant de l'armoire. N'oubliez pas de mettre les divers éléments à niveau avant de clouer les montants. Quelle sorte de bois allez-vous choisir?

— Du pin comme pour les longerons.

— Pas toujours, Pierre, si les côtés, les portes et les tiroirs sont en chêne, tu peux décider d'utiliser du chêne massif pour les montants et les longerons qui seront apparents. Ainsi, les différents éléments s'harmoniseront mieux après leur finition. Autrement cela n'a pas d'importance, car ils seront vraisemblablement peints. Ces montants, de 19 mm sur 38 mm (1 po sur 2 po), sont fixés sur le devant des tablettes et du panneau supérieur avec des clous de finition de 50 mm à raison de deux clous par tablette.

— La longueur d'un montant est égale à la distance entre le dessus de l'armoire et le bas du dernier longeron. Pour la pose des montants des bords de l'armoire, il faut prévoir un retrait égal à l'épaisseur du panneau de côté, généralement de 19 mm (3/4 po) d'épaisseur, qui ferme l'extrémité, car la rive du panneau sera apparente. De plus, chaque montant doit dépasser de 38 mm (1 1/2 po) au bas de l'armoire haute. Des longerons de 19 mm sur 38 mm sont posés partout entre les montants sauf pour les longerons du bas qui auront 19 mm sur 52 mm (1 po sur 2 1/2 po) pour bien cacher la rive de la tablette inférieure.

Pour vérifier si vous m'avez bien suivi, replacez à l'aide de la fig. 36 les diverses étapes suivantes dans l'ordre logique de construction d'une charpente d'armoire haute.

- Repérage de la distance entre les montants
- Pose des longerons avant
- Traçage sur le mur
- Pose des tablettes
- Pose des longerons arrière
- Pose des montants

1. _____   4. _____

2. _____   5. _____

3. _____   6. _____

Réponses
1. Traçage sur le mur
2. Repérage de la distance entre les montants
3. Pose des longerons arrière
4. Pose des tablettes
5. Pose des montants
6. Pose des longerons avant

On procède à la fermeture des extrémités sur les côtés par des panneaux de chêne taillés et ajustés aux bonnes dimensions. Avant de fermer les extrémités, on vérifie, avec une équerre de menuisier et un niveau, les angles droits qu'on rectifie, s'il y a lieu. C'est après la mise en place des extrémités que l'armoire acquiert toute sa solidité.

Lorsque les armoires hautes sont terminées, on s'attaque aux armoires basses. Contrairement aux armoires hautes où on travaille de l'arrière vers l'avant, pour les armoires basses on construit la charpente à partir du plancher. Elles doivent être plus solides que les armoires hautes parce qu'avec leur comptoir, elles deviennent des tables de travail et qu'on y range des objets plus lourds. Référez-vous aux fig. 39 et 40.

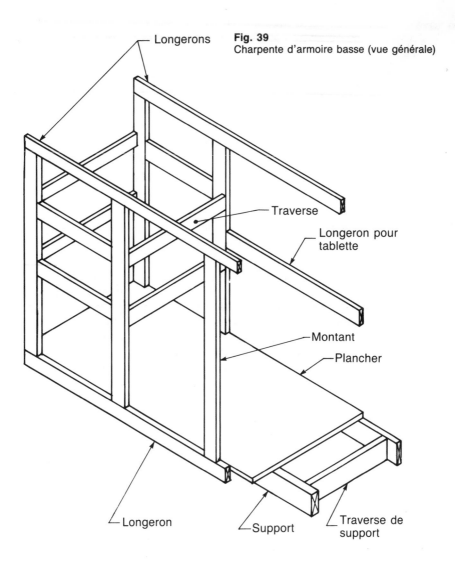

Longerons

Fig. 39
Charpente d'armoire basse (vue générale)

Traverse

Longeron pour tablette

Montant

Plancher

Longeron

Support

Traverse de support

Fig. 40
Charpente d'armoire basse
(vue de face)

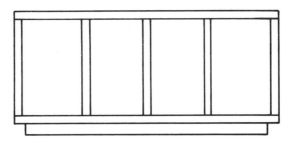

— Arthur, est-ce qu'on doit également tracer ici des lignes sur les murs ou les planchers?

— C'est moins important, mais vous pouvez en tracer. Où placerez-vous le support avant?

— Attends un peu que je calcule: mon comptoir prémoulé aura 630 mm (25 po) de profondeur, dosseret compris, et je suppose que je dois laisser le rebord dépasser un peu.

— Oui, Lise, environ 30 mm (1 po).

— Ce qui fait 600 mm (24 po), pour le devant de l'armoire basse. On a dit aussi qu'il fallait laisser 100 mm pour le retrait, donc le devant de mon support avant d'armoire sera à 500 mm du mur.

— Très bien calculé, Lise. Tes deux supports seront fabriqués de madriers de pin ou d'épinette de bonne qualité de 38 mm sur 89 mm (2 po sur 4 po). Puis on cloue le support arrière. On prépare quelques traverses en les sciant et en tenant compte de l'épaisseur des supports. Dans notre cas, elles auront 424 mm, soit 500 mm déjà calculés moins deux fois 38 mm pour les supports. En se servant des traverses comme appui, on y cloue le support avant. Puisqu'on a calculé une armoire basse d'une profondeur totale de 600 mm et que l'épaisseur du longeron avant est de 19 mm, quelle sera la largeur du panneau du plancher?

— 581 mm?

— Exact (voyez la fig. 41).

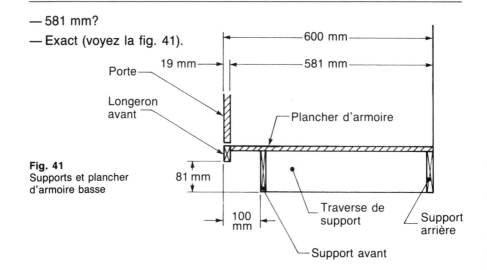

Fig. 41
Supports et plancher
d'armoire basse

Remarquez aussi qu'on a laissé dépasser le longeron avant de 8 mm au bas du panneau du plancher de façon à respecter les recommandations du retrait (81 mm).

Une fois la base construite et bien clouée au plancher et au niveau, on commence la charpente proprement dite de l'armoire basse.

— Arthur, pourquoi pas des vis ici aussi?

— Les supports ayant 89 mm de large, on devra les fixer par leur base avec des clous de 62 mm (2 1/2 po) insérés de biais ou avec des équerres.

Fig. 42
Pose des supports de l'armoire basse

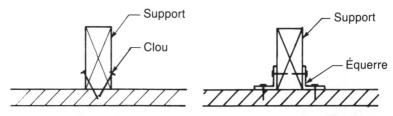

— Par contre, on visse (vis de 50 mm) sur les montants de la charpente de la maison les montants arrière qui serviront d'appui aux tiroirs et au comptoir. On installe les montants avant sur le longeron avant inférieur et, par-dessus ces montants, on fixe les longerons pour les tiroirs et le longeron avant supérieur qui doit être de même niveau que le longeron arrière supérieur. Rappelez-vous que le montant d'un coin ainsi que les longerons doivent créer un retrait de 19 mm pour fixer le panneau de côté de l'armoire. Pour les tiroirs, il faut installer des traverses entre les montants arrière et les montants avant.

— Peut-on assembler les longerons et les montants avant puis clouer l'ensemble au plancher de l'armoire?

— Certainement, Lise, il s'agit là d'une autre méthode de construction tout aussi bonne.

La charpente est beaucoup moins difficile à construire si on prévoit une série de tiroirs l'un au-dessus de l'autre et des portes à leur pleine hauteur.

Fig. 43
Charpente de la façade

Fig. 44
Série de tiroirs l'un au-dessus de l'autre et tablette

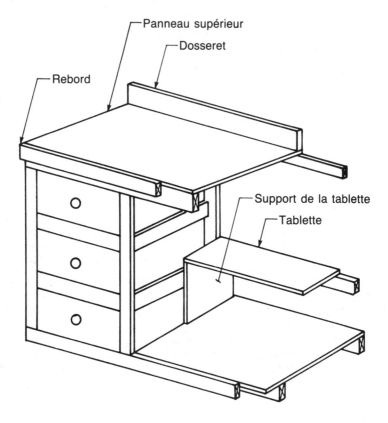

Ensuite, on procède à l'installation des tablettes.

— Procède-t-on de la même manière pour fixer la tablette que pour les armoires hautes?

— Oui, à quelques détails près. Premièrement, comme votre armoire basse servira à ranger les chaudrons et autres objets volumineux, vous n'aurez souvent qu'une seule tablette à installer. De plus, pour permettre l'accès sous cette tablette, vous pouvez la faire à mi- profondeur de l'armoire. La méthode la plus simple pour l'installer est encore de la fixer à l'arrière sur un longeron et de côté sur des traverses. Toutefois, il se peut qu'il n'y ait pas d'endroit où fixer les traverses, par exemple au niveau des tiroirs; dans ce cas, on peut alors fixer un support à ce bout de la tablette (voir fig. 44).

4.4 Fabrication des tiroirs

— Arthur, les tiroirs me paraissent compliqués à fabriquer, ai-je raison?

— Oui, en un sens, ce sont probablement les éléments les plus compliqués que tu auras à fabriquer dans tes armoires. En revanche, il existe des méthodes assez simples pour construire un tiroir et elles demandent peu d'outils.

— Nous voulons des tiroirs à affleurement pour s'agencer avec les portes.

— Saviez-vous que le mode de construction des tiroirs est à peu près le même dans tous les cas, peu importe le type de tiroir retenu. On assemble les côtés en pratiquant soit des joints à entaille pour obtenir des tiroirs à recouvrement, soit des joints à feuillure pour créer des tiroirs à affleurement ou à feuillure. Tenez, regardez les figures 45, 46 et 47.

Fig. 45
Tiroir à affleurement

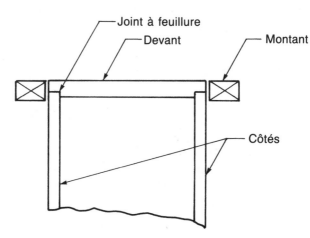

Fig. 46
Tiroir à feuillure

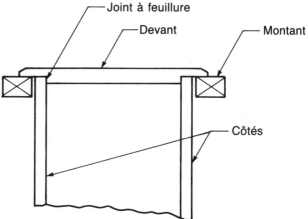

Fig. 47
Tiroir à recouvrement

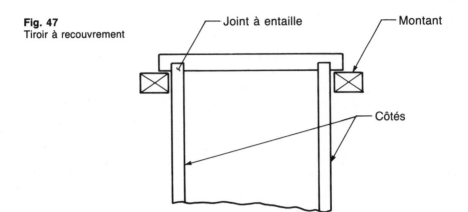

Joint à entaille

Montant

Côtés

Pour construire un des trois types de tiroirs, reportez-vous aux figures 48, 49 et 50.

Fig. 48
Construction d'un tiroir à affleurement

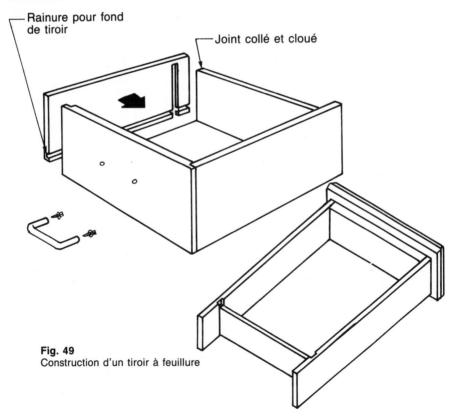

Rainure pour fond de tiroir

Joint collé et cloué

Fig. 49
Construction d'un tiroir à feuillure

Fig. 50
Construction d'un tiroir à recouvrement

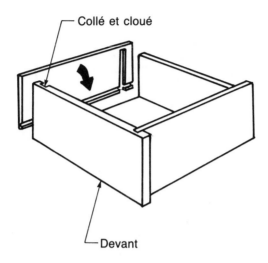

Collé et cloué

Devant

— Quel matériau utiliserez-vous?

— Je suppose qu'un contreplaqué de 13 mm (1/2 po) fera bien l'affaire pour les côtés du tiroir.

— C'est exact, Pierre, tu peux cependant utiliser du chêne pour la plaque avant. Quant à la planche de fond, un contreplaqué de 6 mm (1/4 po) suffira.

— Arthur, je vois, sur les figures, qu'on doit laisser prolonger les côtés des tiroirs à l'arrière pour éviter qu'ils ne tombent, quelle longueur doit-on prévoir?

— Oui Lise, on laisse prolonger quand on n'a pas de guides autoblocants, et dans ce cas, un dépassement de 60 à 80 mm (2 1/2 à 3 po) sera bien suffisant.

— Enfin, un tiroir est bien construit et ajusté lorsqu'il s'ouvre et se ferme facilement sans se coincer. Généralement, 2 à 3 mm (1/8 po) de jeu sont suffisants pour éviter les serrages.

— Ensuite, on fixe des guides latéraux ou centraux en bois, en métal ou en plastique.

— Oui, Lise. Mais lorsqu'on les fabrique soi-même, on choisit du bois dur pour réduire l'usure. Avec un dispositif de guidage latéral, on fixe un coulisseau sur chaque support latéral du tiroir et on creuse une rainure avec une toupie dans les côtés du tiroir. Il va sans dire qu'on procède à cette coupe avant d'assembler les côtés du tiroir. Quant à la rainure, elle doit être légèrement plus large que le coulisseau, de quelques millimètres, pour garantir un glissement maximal.

Fig. 51
Glissement latéral

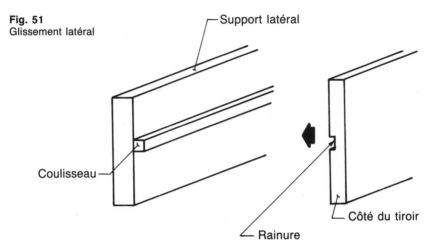

Support latéral

Coulisseau

Rainure

Côté du tiroir

Comment construiriez-vous un guide central en bois?

— Je fixerais un coulisseau entre la traverse avant du tiroir et le longeron arrière de l'armoire.

— Puis, si tu permets, Pierre, je fixerais un guide sous le fond et au centre du tiroir.

Fig. 52
Glissement central

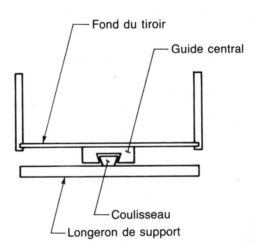

Fond du tiroir

Guide central

Coulisseau

Longeron de support

— Vous voyez que ce n'est pas aussi difficile que vous le croyiez. Maintenant, faites bien attention, lors de l'assemblage, pour réaliser des joints bien précis; et le tour sera joué.

4.5   Fabrication des portes

— Quand les tiroirs sont terminés, on installe les portes qui sont très certainement les éléments les plus faciles à construire.

— Dans notre cas, il nous suffira de les découper dans un panneau de chêne en faisant bien attention de faire des coupes bien à l'équerre.

— Attention! vous devez laisser un jeu d'environ 1 mm (1/32 po) tout le tour pour permettre l'ouverture et, de plus, pensez à l'espace requis par les charnières. Finalement, un bon ponçage sur les coupes pour améliorer le fini.

Souvenez-vous que leur style doit être semblable au tiroir pour créer l'harmonie et l'équilibre esthétique de votre cuisine. Toujours pour ces mêmes raisons, il est préférable d'aligner verticalement les portes des armoires basses avec les portes des armoires hautes. Et on doit installer les portes par paire et prévoir qu'une porte de coin ouvre en direction de la seconde partie des armoires comme le montre la fig. 53 intitulée «Sens d'ouverture des portes». Deux charnières servent à suspendre une porte. Il existe une grande variété de charnières qui conviennent aux trois types de portes à affleurement, à recouvrement ou à feuillure (voir section 2.4); à vous de choisir celles qui donneront l'aspect que vous désirez. Prenez un soin particulier lors de l'installation de vos charnières, car rien n'est plus désagréable à l'oeil que des portes d'armoire croches.

Fig. 53
Sens d'ouverture des portes

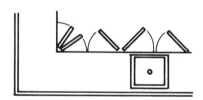

4.6   Fini

— Arthur, nous voulons que nos armoires durent le plus longtemps possible tout en étant faciles d'entretien; que nous recommandes-tu?

— Votre recouvrement extérieur étant en bois massif, on doit le protéger sans lui enlever ses qualités esthétiques. Si la teinte du bois vous convient et qu'elle soit uniforme, deux bonnes couches de vernis suffiront. Sinon, vous aurez à appliquer en plus une teinture. De ce côté, la teinture pigmentée à essuyage, communément appelée teinture à l'alkyde, est certes la plus connue et utilisée par l'amateur. Elle donne de bons résultats. On peut obtenir plus de transparence et de pénétration dans le bois avec des teintures en solution (eau ou alcool) mais leur emploi est plus compliqué.

Dans chaque cas, je vous recommande de faire des tests sur de petits bouts de bois de même nature que celui utilisé, de façon à vous assurer que la teinte sera adéquate.

— Naturellement, si le bois était de moins bonne qualité, une bonne peinture à l'alkyde, imperméable à l'eau, ferait bien l'affaire.

— C'est ça, Pierre, et c'est ce que vous pouvez faire pour l'intérieur des armoires aussi, même si cela vous demandera de repeindre de temps à autre.

— Justement, Arthur, nous avons bien l'intention de mettre du stratifié sur nos tablettes de façon à éviter cet inconvénient.

— Bonne idée, d'autant plus que la pose est relativement facile (voir section 5.2).

Chapitre 5
Comptoirs

Plan du chapitre

5.1 Choix des matériaux

— Avez-vous magasiné comme vous en aviez l'intention pendant la dernière fin de semaine?

— Oui, Arthur, nous avons visité quelques marchands de matériaux et nous avons examiné certains produits de revêtement. La gamme des effets décoratifs comprend des coloris unis, des motifs, des imitations de bois et de marbre ainsi que des dessins abstraits. Leur finition est mate ou lustrée.

— J'aimerais ajouter, Lise, que le stratifié se vend généralement en feuille qui mesure 600 mm sur 1 200 mm (2 pi sur 4 pi) ou 1 200 mm sur 2 400 mm (4 pi sur 8 pi).

— C'est bien, Pierre, que tu parles de feuille, car on pose du stratifié en feuille de 1,6 mm (1/16 po) d'épaisseur sur les surfaces horizontales et de 0,8 mm (1/32 po) sur les surfaces verticales. Ce matériau est donc beaucoup plus mince que le contreplaqué ou l'aggloméré déjà encollé de stratifié et dont l'épaisseur est d'environ 19 mm (3/4 po).

Tout bricoleur un peu habile peut, avec une égoïne, un couteau à tracer, une lime ou une toupie, poser du stratifié d'une manière satisfaisante. Laissons cet aspect technique de côté, pour l'instant; nous y reviendrons lors de la pose du stratifié. Parlons plutôt des comptoirs préfabriqués qu'on n'a qu'à tailler et à installer.

— Tu veux sans doute, Arthur, parler du comptoir prémoulé appelé aussi comptoir moulé?

— Oui, Pierre. L'intérieur ou mieux l'âme de ce comptoir est généralement formé d'un panneau de particules agglomérées tandis que la face décorative est recouverte de stratifié ou de bois de placage. Les finis et les couleurs sont donc variés. La largeur la plus courante sur le marché est d'environ 630 mm (25 po). La longueur d'un comptoir varie de un à plusieurs mètres.

Un dosseret et un rebord qui ne font qu'un avec le comptoir constituent un des avantages du comptoir prémoulé. Comme il n'y a pas de joint entre le comptoir et le dosseret, ces comptoirs sont parfaitement étanches.

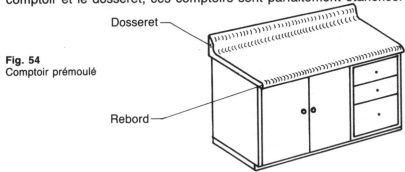

Dosseret

Fig. 54
Comptoir prémoulé

Rebord

— Arthur, que dire du Corian dont tu nous as déjà parlé; faut-il posséder des outils spéciaux pour le travailler?

— Non, Pierre. Même si ce matériau a l'apparence de la pierre, on le travaille comme du bois. Il est vendu sous deux formes: en éléments moulés formant d'une seule pièce un comptoir avec évier, lavabo ou cuvette; en plaque de 13 mm (1/2 po) ou de 19 mm (3/4 po) d'épaisseur pour les surfaces horizontales et de 6 mm (1/4 po) pour les surfaces verticales telles que des murs de salle de bains, des cloisons. Je vais vous indiquer les dimensions dans le tableau VI.

Tableau VI
Dimensions des plaques de Corian

Description	Épaisseur	Largeur	Longueur
Plaque pour surface verticale	6 mm (1/4 po)	760 mm (30 po)	1 450 mm (57 po) 1 830 mm (72 po) 2 490 mm (98 po)
Plaque pour surface horizontale	13 mm (1/2 po) 19 mm (3/4 po)	630 mm (25 po) 760 mm (30 po)	2 490 mm (98 po) 3 070 mm (121 po) 3 680 mm (145 po)
Bande de garniture	6 mm (1/4 po)	25 mm (1 po)	2 490 mm (98 po)

— Quelles sont les couleurs disponibles?

— Vous choisissez, Lise, entre le blanc, le beige marbré et l'amande.

— Si vous le voulez bien, nous nous limiterons aux matériaux dont il vient d'être question bien qu'il en existe d'autres, tels le bois lamelliforme qui rappelle un peu le bloc de boucher et la tuile de céramique.

— D'accord, Arthur, mais nous aimerions que tu nous expliques plus à fond comment poser du stratifié, du prémoulé et du Corian.

— Avec plaisir, Lise!

5.2 Pose du stratifié

— Après la construction du comptoir avec du contreplaqué ou des panneaux de particules agglomérées de 19 mm (3/4 po) généralement, on prépare les surfaces. Ces deux matériaux sont d'excellents supports pour le stratifié, mais ils ont l'inconvénient d'être rugueux et de posséder des trous.

— Alors, avec un papier de verre, je ponce la surface pour qu'elle soit parfaitement plane. Puis, j'obture les trous et les fissures avec de la pâte de bois ou tout autre bouche-pores que je laisserai sécher, selon les instructions du fabricant. Enfin, après le séchage, je poncerai à nouveau les surfaces sans oublier les rebords.

— Excellent travail, Lise! N'oublie pas d'essuyer les surfaces pour éliminer la poussière. Vous seriez à ce moment prêts à poser votre stratifié sur une surface sèche et plane.

— Quels sont les outils qui conviennent le mieux, Arthur?

— Qu'en pensez-vous? Vous devez bien avoir une idée de ce que vous utiliserez?

— Nous aurons besoin d'une scie, de serre-joints, d'un pinceau et de colle.

— L'égoïne choisie doit posséder des dents fines, c'est-à-dire 12 dents au pouce. Vous vous servirez aussi d'un couteau à pointe de carbure pour rayer le stratifié mince, d'un maillet de caoutchouc avec un bloc de bois ou encore d'un rouleau à pâtisserie, d'une règle de métal comme guide, de lattes de bois, de papier brun ou de papier journal, d'une lime ou, si possible, d'une toupie. Une perceuse mécanique ou électrique ainsi qu'une scie passe-partout ou une scie sauteuse seront très pratiques pour découper le trou de l'évier.

— Quel adhésif dois-je acheter?

— Il existe sur le marché plusieurs colles satisfaisantes; je vous suggère l'emploi de la colle-contact qui est la plus populaire. Il faut surtout suivre rigoureusement les instructions du fabricant.

Retenez déjà que cette colle produit des vapeurs toxiques et inflammables.

— Merci de nous avertir, nous prendrons soin de bien ventiler la pièce et d'éviter de fumer, lors de la construction.

— Je voudrais préciser aussi que vous devez commencer à poser le stratifié sur les surfaces verticales avant de travailler les surfaces horizontales. Si vous permettez, je vais vous faire un dessin pour illustrer ce que je veux dire.

Fig. 55
Séquence de pose
du stratifié

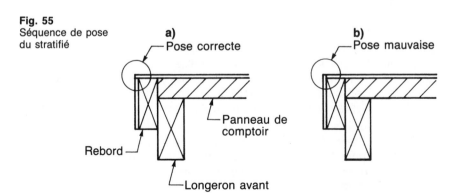

En procédant ainsi, vous éliminerez les dommages éventuels causés aux surfaces verticales. Le stratifié collé à la verticale et de la manière montrée en b) risque de se décoller lorsqu'un objet glissera sur la surface horizontale. Enfin, à l'achat du stratifié, n'oubliez pas les deux épaisseurs: la mince 0,8 mm (1/32 pouce), pour les surfaces verticales, et l'épaisse, 1,6 mm (1/16 pouce), pour les surfaces horizontales. Vous devez tenir compte de ces deux facteurs pour calculer les quantités requises. Le stratifié est vendu aussi en ruban de 2 400 mm sur 41 mm (8 pi sur 1 5/8 po) pour les bordures.

— Après avoir préparé les surfaces, j'imagine qu'il s'agira ensuite de mesurer et de couper.

— Tu as raison, Lise. On commence par les rebords. Vous avez le choix d'utiliser le ruban de stratifié ou de découper une bordure dans la feuille à surface verticale. Dans les deux cas, vous appliquez, à l'aide d'un pinceau, à l'endos de la bordure et sur le rebord du comptoir une couche de colle-contact. On laisse sécher séparément les pièces pendant environ 15 minutes ou jusqu'à ce que la colle n'adhère plus au doigt mais demeure collante.

Si c'est la première fois que vous utilisez de la colle-contact, pourquoi ne pas faire un essai avec des retailles de stratifié et un cube fabriqué avec du bois de rebut. Puis, la bordure est collée au rebord. On travaille lentement et d'une main sûre puisqu'une fois la bordure posée, il sera impossible de la décoller sans la briser. On commence à une extrémité du comptoir et on progresse vers l'autre extrémité.

Fig. 56
Pose d'une bordure de stratifié

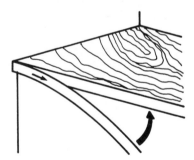

Il faut toujours terminer par la pose de la bordure de stratifié sur le devant du comptoir pour que les champs noirs, l'épaisseur, des bordures de côtés soient cachés. Au lieu d'utiliser du stratifié à fond noir, vous pouvez acheter du stratifié à fond pâle, nouvellement sur le marché. Ce matériau permet de réaliser des joints beaucoup moins apparents.

Comme la bordure mesure 41 mm de largeur et le rebord, 38 mm, on laisse déborder la bordure de chaque côté. On donne de petits coups de maillet de caoutchouc pour lier parfaitement la bordure au rebord. Après une période de séchage, on enlève le surplus avec une lime plate ou avec une toupie équipée d'un couteau spécial.

Fig. 57
Excédent enlevé à la toupie

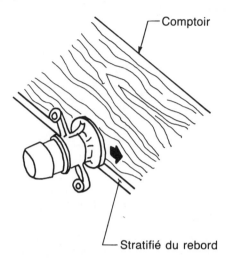

Comptoir

Stratifié du rebord

Quand on travaille avec une lime à bois plate, il faut donner les coups de lime dans un seul sens à partir de la surface du stratifié vers le contreplaqué ou la surface intérieure.

Fig. 58
Limage de l'excédent

Lorsque tous les rebords sont terminés, on pose le stratifié sur les surfaces horizontales du comptoir. On marque au crayon, sur la face décorative du stratifié, les dimensions de la surface à recouvrir en n'oubliant pas de toujours ajouter de 2 à 3 mm (1/16 à 1/8 po) sur chaque côté afin de pouvoir enlever, à l'aide de la lime ou de la toupie, les éclats de cassure produits lors de la coupe. On peut tailler la feuille avec une égoïne à dents fines. On immobilise la feuille avec des serre-joints entre deux pièces de bois de manière à ce que le dessus et le dessous du stratifié soient appuyés sur toute la longueur pendant la coupe. L'égoïne doit faire un angle d'environ 30 degrés avec la surface du stratifié et ne couper que dans son mouvement descendant.

Fig. 59
Coupe avec une égoïne à dents fines

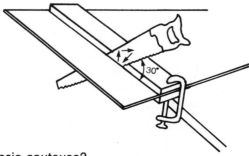

— Et avec une scie sauteuse?

— Il suffit d'installer une lame à coupe de finition capable de scier le stratifié et de régler la semelle à 45 degrés pour obtenir une coupe en biseau. On se sert toujours d'un guide.

Vous pouvez aussi effectuer le travail avec un couteau spécial à stratifié. Dans ce cas, vous collez un ruban adhésif transparent sur le tracé, puis vous posez une règle le long du tracé et vous la fixez avec des serre-joints. Cette règle sera votre guide.

On effectue des traits répétés pour rayer la surface finie du stratifié. La lame doit pénétrer au-delà de la couche décorative.

Fig. 60
Rayage du stratifié

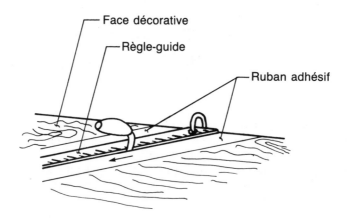

Face décorative
Règle-guide
Ruban adhésif

Ensuite on plie le stratifié vers la face décorative pour obtenir une cassure nette et continue.

Fig. 61
Pliage du stratifié

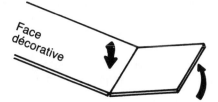

— Comment taille-t-on la feuille de stratifié lorsque le comptoir forme un L?

— Avec un plan de travail en coin, on mesure la longueur d'un côté (b) d'angle à partir de l'extrémité du comptoir jusqu'au mur formant angle droit; la longueur de l'autre côté (a) d'angle s'arrête à une ligne imaginaire. L'inverse est aussi vrai.

Fig. 62
Joint en forme de L

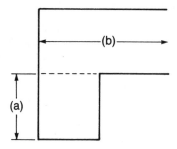

— Pourquoi procède-t-on ainsi?

— Il est toujours plus difficile, Lise, de réussir un joint à 45°, surtout lorsqu'il est long. Et si votre feuille de stratifié n'est pas assez longue pour couvrir tout l'évier, qu'allez-vous faire?

— Je crois qu'il serait préférable de réaliser le joint au centre de l'évier pour que cela soit plus joli.

Fig. 63
Joint au centre de l'évier

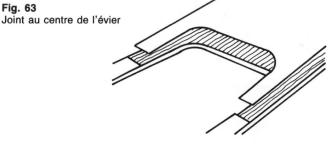

— Tu deviens de plus en plus expert, Pierre! Mais attention à tes joints, tu dois les équarrir soigneusement au rabot et à la lime avant d'assembler les pièces. D'ailleurs, il est toujours préférable de préparer d'avance toutes les pièces à assembler et de les placer sur le comptoir SANS LES COLLER pour vérifier leur ajustement. En cas d'erreur, il est plus facile de corriger une pièce à ce moment-là que d'avoir à la décoller et à la briser pour la remplacer par une pièce convenable.

Si vous achetez un évier neuf, demandez à votre marchand de vous fournir le gabarit du nouvel évier pour vous permettre de tracer la coupe avec précision.

— Et dans le cas d'un évier déjà en place?

— Vous n'avez, Lise, qu'à fabriquer, un gabarit avec du carton sur lequel vous reporterez les dimensions de l'évier tout en prévoyant un rebord d'évier qui dépasse d'environ 20 mm du trou d'évier pour le fixer et le rendre étanche avec du mastic de plomberie. Avec votre gabarit en main, vous tracez l'emplacement du trou sur une feuille de stratifié. Avec une perceuse vous pratiquez des trous dans les courbes des coins.

Puis, pour la coupe, on se sert généralement d'une scie passe-partout ou d'une scie sauteuse. Lorsqu'on arrive dans les trous des courbes, on coupe dans le milieu des trous sans jamais les dépasser vers l'extérieur. Les courbes et les côtés seront, par la suite, rognés avec une lime pour créer une coupe biseautée et lisse.

Fig. 64
Perçage d'un trou d'évier

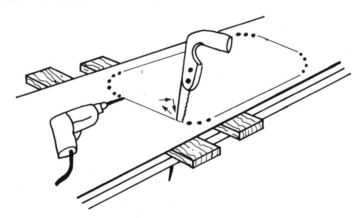

— Une fois les feuilles de stratifié taillées et leur ajustement vérifié, peut-on commencer à les encoller?

— C'est exactement, Lise, l'étape suivante.

— Quel est l'outil le plus pratique pour répandre la colle?

— La plupart des bricoleurs préfèrent un gros pinceau, Pierre. Mais tu peux aussi te servir d'un rouleau ou d'une spatule de bois ou de métal. Voici quelques petits conseils pratiques:

1. Groupez tout ce dont vous aurez besoin au même endroit afin d'accélérer le travail.

2. Vérifiez la température de la pièce, car la colle sèche mieux lorsqu'il fait chaud et humide. 21°C ou plus constitue une température idéale.

3. Versez une certaine quantité de diluant à colle-contact dans un contenant afin de pouvoir essuyer rapidement les taches ou les surplus de colle.

4. Organisez-vous pour obtenir une très bonne ventilation dans la pièce où vous travaillez car la colle-contact dégage des vapeurs fortes, toxiques et inflammables.

On applique avec le pinceau une couche de colle-contact au dos du stratifié et sur la surface à finir. Il faut attendre que la colle devienne sèche au toucher. Ce temps est généralement d'environ 15 minutes. Pendant que la colle sèche, on place de minces lattes de bois en travers de la surface à revêtir pour empêcher les deux surfaces encollées d'entrer immédiatement en contact. Certains bricoleurs préfèrent utiliser du papier d'emballage et d'autres, du papier ciré.

La pose du stratifié encollé constitue l'étape la plus délicate surtout pour les feuilles de grande surface. Deux personnes ne sont pas de trop pour aligner et déposer le stratifié. Si vous le pouvez, commencez à déposer le stratifié contre un mur à une extrémité du comptoir; sinon, travaillez à partir du centre en allant vers les extrémités. Il est très important d'aligner correctement le stratifié et de le laisser dépasser de chaque côté d'environ 2 à 3 mm. Quand le stratifié est en place, une bonne méthode recommande de fixer solidement une extrémité avec deux serre-joints, de soulever l'autre extrémité du stratifié et de plier le papier ou d'enlever des lattes sur près de 300 mm (1 pi).

Fig. 65
Collage d'une extrémité

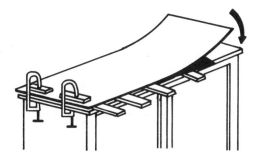

Ensuite, on laisse le stratifié se rabattre et on presse fermement avec les mains. On enlève les serre-joints à l'autre bout, on soulève le stratifié et on retire le reste du papier ou des lattes. On rabat le stratifié et, à partir du centre, on presse ce dernier en allant vers les bords.

Après le collage, on frappe légèrement avec un maillet sur un morceau de bois pour s'assurer de l'adhérence de la colle-contact sur toute la surface et pour éliminer les poches d'air qui pourraient exister. À défaut d'un maillet, un rouleau à pâtisserie fera très bien l'affaire. Ensuite, à l'aide d'une pièce de bois et d'un serre-joints, on fait progressivement le tour du comptoir en exerçant une pression de quelques secondes, chaque fois, afin d'éviter le décollement du pourtour du comptoir, par endroits. Ce phénomène se produit parfois après un certain temps et il faut alors reprendre le travail. Enfin, on enlève l'excédent de stratifié de la surface du comptoir avec une lime ou une toupie afin de créer un rebord biseauté.

— Arthur, faut-il poser un dosseret?

— Oui, c'est préférable. Tu peux aussi te servir de contreplaqué de 19 mm (3/4 po) d'épaisseur et dont la largeur peut varier de 100 à 150 mm (4 à 6 po). Il sera lui aussi recouvert de stratifié. Il existe des moulures spéciales dans lesquelles on vient insérer le stratifié. Quant au joint supérieur du dosseret avec le mur, il peut être bouché à l'aide d'un cordon de silicone pour éviter les infiltrations d'eau.

Fig. 66
Dosseret d'un comptoir

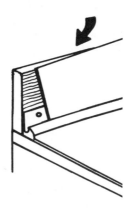

5.3 Pose du prémoulé

—Voici maintenant comment poser un comptoir prémoulé. Cependant, j'aimerais, avant qu'on ne s'intéresse à la marche à suivre, aborder la question des outils et des matériaux, comme ce fut le cas pour le stratifié.

Peux-tu, Lise, nous indiquer quels sont les outils que tu utiliserais?

—Un comptoir prémoulé est habituellement déjà revêtu de stratifié, alors je dois me procurer une scie à dents fines, une lime douce plate, un marteau, un maillet de caoutchouc, un ruban à mesurer et une équerre de charpentier.

—Lise, tu auras besoin aussi d'une lime douce ronde pour les ouvertures des robinets et les coins de l'évier et d'un tournevis pour les attaches des joints à onglets dont on reparlera dans un instant, lorsqu'on verra les étapes pour assembler du prémoulé à angle droit. Et tu faciliterais ton travail si tu remplaçais ton égoïne à dents fines par une scie circulaire munie d'une lame de finition convenant à la fois au bois et au stratifié.

—Quant aux matériaux, j'achèterai, il va sans dire, des comptoirs prémoulés de la bonne longueur, un morceau de stratifié de la même couleur que le comptoir pour finir les côtés, de la colle-contact, un nettoyeur et des clous de finition.

—Pierre, tu devras acheter aussi du ruban adhésif transparent pour obtenir une coupe sans bavure et de la colle blanche pour les joints à 45 degrés.

Si tu ne veux pas te donner la peine de tailler toi-même les bordures de côtés dans du stratifié, tu peux te procurer chez un marchand de comptoir prémoulé des bordures d'extrémité précoupées qu'on appelle aussi chapeaux d'extrémité ou embouts.

Fig. 67
Embout de finition

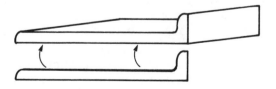

N'oublie pas que, pour un coin de cuisine, il existe des comptoirs prémoulés déjà taillés à 45 degrés à gauche ou à droite et munis d'encoches spéciales sous leur surface inférieure pour fixer les onglets d'assemblage vendus à part.

Fig. 68
Comptoir pour coin de cuisine

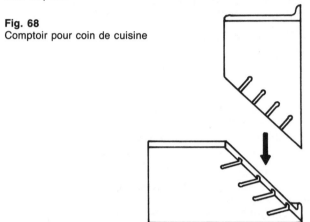

Enfin, tu dois te procurer des baguettes tirées d'un panneau de particules agglomérées ou de contre-plaqué pour renforcer les extrémités du comptoir.

Fig. 69
Pose des baguettes d'extrémité

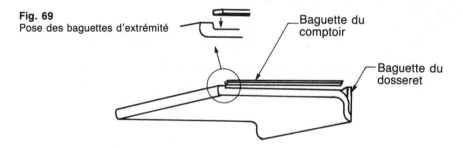

Baguette du comptoir

Baguette du dosseret

On mesure précisément et on trace au crayon la ligne de coupe à partir du haut du dosseret jusqu'à l'extrémité du rebord du comptoir avant. À chaque extrémité apparente, on prévoit environ 20 mm (3/4 po) de plus, afin de créer un rebord et de pouvoir installer les baguettes.

On colle un morceau de ruban adhésif transparent sur la ligne tracée. C'est un truc de bricoleur pour obtenir une coupe nette et sans éclat. On coupe avec une scie circulaire. Si on utilise une égoïne à dents fines, l'égoïne ne doit travailler que dans son mouvement descendant tout comme pour la coupe du stratifié. On finit le rebord avec une lime douce plate pour obtenir un côté biseauté.

Fig. 70
Traçage et sciage du prémoulé

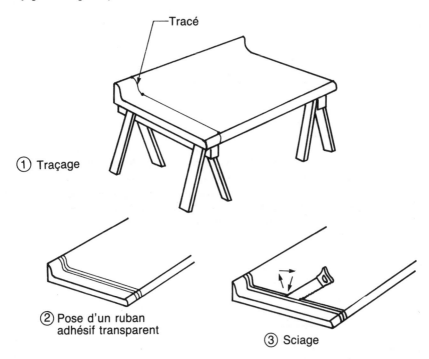

① Traçage

② Pose d'un ruban
adhésif transparent

③ Sciage

On fabrique les baguettes dans un panneau de particules agglomérées ou de contre-plaqué. Attention! il faut que l'épaisseur des baguettes convienne à celle du comptoir. On place le comptoir prémoulé à l'envers sur une table de travail ou sur des chevalets. On fixe les baguettes de renfort, une baguette sous le comptoir et une autre derrière le dosseret. Les clous de finition ne doivent pas pénétrer dans le stratifié de la surface.

Puis, on finit les extrémités en posant les embouts de stratifié. À cette étape-ci, vous avez trois possibilités:

1. Poser des embouts préencollés à l'usine. Il suffit de suivre les instructions du fabricant.

2. Poser des embouts déjà découpés mais non encollés. Dans ce cas, on fixe les embouts avec de la colle-contact de la même manière que le stratifié.

Fig. 71
Embout de finition en un seul morceau

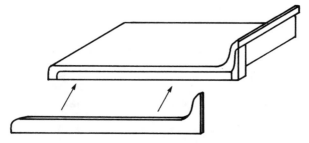

3. Découper soi-même les embouts dans une feuille de stratifié. Comme il est très difficile d'effectuer des coupes arrondies, chaque embout est constitué de deux morceaux: un morceau pour l'extrémité du comptoir et un autre pour l'extrémité du dosseret. On fixe les deux morceaux avec de la colle-contact. On procède alors comme dans la pose du stratifié.

Fig. 72
Embout de finition en deux morceaux

Pour chaque coin de votre cuisine en U, vous achèterez deux morceaux de prémoulé déjà taillés à 45 degrés: l'un taillé à gauche et l'autre, à droite.

— Ainsi, les angles seront plus droits et plus précis.

— C'est donc le moment d'assembler les morceaux de comptoir. On place les bouts de comptoir à l'envers sur une table de travail ou sur des chevalets, de manière à ce qu'ils soient à angle droit. On pose un cordon de colle blanche le long du joint (1). Puis on met en place les onglets d'assemblage et on serre un peu pour maintenir l'assemblage. On aligne les bords avant arrondis et on serre l'onglet le plus proche (2). Après avoir vérifié le joint des dosserets (3), on serre l'onglet le plus proche (4) et on enfonce un clou de finition de biais dans le dosseret.

On vérifie le niveau des deux bouts de comptoir et, s'il y a lieu, on les met à niveau en frappant légèrement sur un morceau de bois, avec un marteau. On évite de frapper sur les onglets. Ensuite, on serre le reste des onglets (5). Il ne faut pas oublier d'enlever immédiatement le surplus de colle.

Fig. 73
Assemblage à angle droit

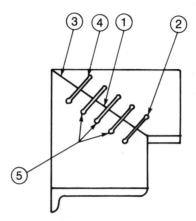

N'oubliez pas de percer les trous de l'évier et des robinets. Pour percer ces trous, on utilise la même méthode que celle du stratifié. Mais les trous des robinets doivent être le plus loin possible du dosseret.

Enfin, on installe le comptoir prémoulé sur l'armoire basse et on le fixe en le vissant en dessous à la charpente de support de l'armoire.

— Je suppose qu'on doit ici aussi appliquer un cordon de silicone au joint entre le dosseret et le mur, comme pour le comptoir recouvert de stratifié.

— Merci, Lise, j'allais l'oublier!

5.4 Pose du Corian

— Aujourd'hui, nous allons aborder une autre possibilité de revêtement du plan de travail d'une armoire basse: la pose du marbre synthétique vendu sous le nom commercial de Corian. Je vous ai déjà dit que ce matériau se travaille comme le bois. C'est donc dire qu'on peut le couper, le forer, le toupiller, le poncer avec des outils à bois standard. Cependant, on recommande d'utiliser des fers, des forets, des mèches et des couteaux à pointes de carbure pour obtenir de meilleurs résultats. C'est un matériau lourd qui pèse environ 23 kilogrammes par mètre linéaire de comptoir (15 livres par pied linéaire) pour une plaque de 19 mm (3/4 po) d'épaisseur.

— J'imagine, Arthur, qu'il faut s'assurer de la solidité de la charpente des armoires basses qui recevront ce type de revêtement.

— Tu as tout à fait raison, Lise. Il faut ajouter des traverses perpendiculaires aux longerons avant et arrière. On crée un espacement d'environ 300 mm (1 pi) entre les traverses qui sont clouées SUR les longerons et non pas entre ces derniers car on perdrait de l'espace à l'intérieur de l'armoire pour installer un tiroir dans sa partie supérieure. On doit mettre aussi en place des morceaux de bois de même épaisseur entre les traverses et parallèles aux longerons avant et arrière.

Fig. 74
Support de comptoir

On peut commander un comptoir sur mesure. Mais il est certainement plus satisfaisant de le faire soi-même quand on aime bricoler et faire de nouvelles expériences. La technique de pose ressemble à celle du prémoulé: coupe, coupe du trou d'évier ou des trous de robinets s'ils ne sont pas intégrés à l'évier, fini des rebords et pose. On travaille sur des chevalets sur lesquels on pose des supports de 38 mm sur 89 mm (2 po sur 4 po) pour soutenir toute la masse du matériau. On dépose une plaque de 13 mm ou de 19 mm (1/2 po ou 3/4 po) sur les supports, face vers le haut, et on trace la ligne de coupe à la longueur désirée. Puis on installe deux morceaux de bois dont les côtés sont bien droits avec deux serre-joints; ils serviront de guide à la scie. Donc, le guide sera parallèle et un peu éloigné par rapport à la ligne de coupe. Ensuite, on colle de larges bandes de ruban-cache «masking tape» de manière à couvrir, de chaque côté du trait, toute la surface de la plaque où la scie circulaire passera. On évite ainsi d'égratigner la surface. On règle la profondeur de coupe pour qu'elle dépasse d'environ 6 mm (1/4 po) l'épaisseur de la plaque.

Avant de commencer à couper, assurez-vous que la pièce est ventilée adéquatement. On DOIT porter des lunettes protectrices et un masque anti-poussière par mesure de sécurité. N'oubliez pas qu'il s'agit d'un matériau qui s'apparente à la pierre. Lors de la coupe, la lame pénétrera un peu dans les supports mais pas assez pour qu'ils se rompent sous le poids de la plaque.

Fig. 75
Coupe d'une plaque de Corian

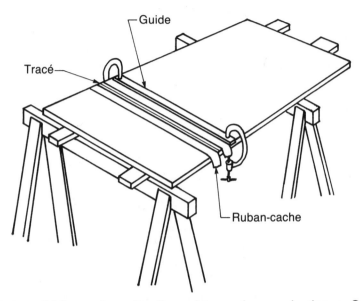

Pour le trou d'évier, on trace les dimensions voulues sur la plaque. On peut se servir d'un gabarit. On perce un trou d'environ 25 mm (1 po) de diamètre aux quatre coins avec un emporte-pièce.

— Pourquoi des trous si grands, Arthur? La lame d'une scie sauteuse est beaucoup plus fine...

— Ils servent à réduire l'effort qui agit sur le pourtour du reste de la plaque. Avec des coins carrés, il y aurait un grand risque que la plaque craque près de l'ouverture. On coupe, avec une scie sauteuse, deux côtés parallèles, puis on glisse une mince feuille de bois sous la plaque pour la supporter pendant la coupe des deux autres côtés. Il ne reste plus qu'à poncer les côtés de l'ouverture.

Fig. 76
Perçage du trou d'évier

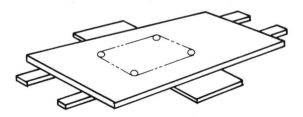

Au fur et à mesure qu'on taille les plaques aux longueurs désirées, on procède à la finition des rebords. On peut poncer les rebords pour arrondir les angles droits ou les toupiller avec un fer de son choix pour créer des rebords décoratifs. Quand on travaille avec la toupie, il faut enlever fréquemment la poussière qui s'accumule sous la base de l'outil pour éviter d'égratigner la surface. On recommande de se servir d'un fer à pointe de carbure muni d'un guide à roulement à billes. On déplace la toupie dans le sens inverse des aiguilles d'une montre pour empêcher les éclats. On effectue une première passe pour enlever le gros du matériau, puis une seconde pour finir le rebord.

Fig. 77
Finition des rebords

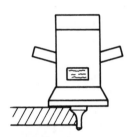

L'assise du comptoir de l'armoire doit être de niveau. Pour installer un comptoir d'un seul morceau, on applique, avec un pistolet à calfeutrer, la colle spéciale sur une distance d'environ 25 mm (1 po) et tous les 300 mm (12 po). Cette colle est un adhésif à base de néoprène, caoutchouc synthétique. Il faut prendre autant de précautions qu'avec la colle-contact utilisée pour le stratifié. Cette colle de néoprène est toxique et très inflammable. On dépose la plaque de Corian, on presse fermement pendant environ 5 minutes. Lorsque vous assemblez deux ou plusieurs plaques en forme de L ou de U, on met d'abord en place la section la plus longue (1). Ensuite, on applique un cordon continu de silicone sur l'un des rebords qui formera le joint (2). On couvre les bords du dessus des deux plaques adjacentes au joint avec les bandes de ruban-cache (3). On dépose la seconde plaque (4) en la pressant fermement contre la partie enduite de silicone de la première; l'excès de silicone se répandra sur le ruban-cache. Essuyez l'excédent de silicone avec un linge mouillé, enlevez le ruban-cache et laissez le joint sécher pendant une nuit. Le lendemain, on adoucit le joint avec un papier de verre fin.

Fig. 78
Pose d'une plaque

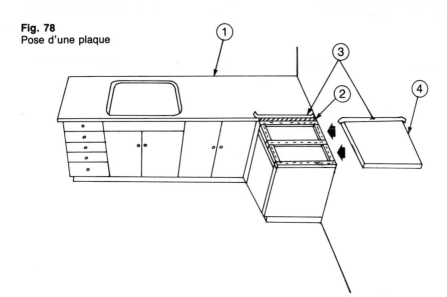

On installe alors les dosserets taillés à la hauteur et à la longueur voulues. On enduit la partie inférieure d'un cordon de silicone et on met en place le dosseret en pressant fermement ce dernier contre le rebord arrière du comptoir. On essuie le surplus de silicone avec un linge mouillé et on laisse reposer le joint.

Chapitre 6
Armoires modulaires

Plan du chapitre

6.1 Calcul des dimensions

— Lorsqu'on ne se sent pas l'âme d'un bricoleur, qu'on n'a pas confiance en soi avec une scie et un marteau pour construire soi-même ses armoires de cuisine, on peut alors se rabattre sur des armoires modulaires.

— Tu sais, Arthur, que même si certaines personnes bricolent à l'occasion, souvent elles ne construisent pas leurs armoires de cuisine parce qu'elles manquent tout simplement de temps.

— C'est vrai, Lise, que les obligations professionnelles, familiales et sociales grugent la plus grande partie de notre temps. Parfois, il ne reste à peu près que le temps des vacances annuelles pour s'attaquer à des travaux plus complexes; il existe alors deux possibilités:

1. Faire appel aux services d'un menuisier pour construire sur place les armoires souhaitées.

2. Faire appel aux services d'un spécialiste d'armoires de cuisine pour choisir des modules assemblés à l'atelier, fabriqués sur mesure ou dont les dimensions sont standard. Ces dernières sont les plus courantes de nos jours. Dans le cas d'un nouveau bâtiment, les armoires de cuisine standard conditionneront les dimensions de la cuisine prévue.

Mais qu'il s'agisse d'armoires sur mesure ou d'armoires standard, la pose peut être faite par la même firme, par un menuisier que vous embaucheriez ou par vous-même.

Revenons, si vous le voulez bien, à l'espace disponible. Quand on prend les mesures d'une cuisine, il est important d'être très précis car avec un centimètre en moins ici, un autre là vous pouvez vous retrouver avec un espace vide que vous ne pourrez pas combler et qui vous créera un gros problème d'ajustement. À l'inverse, on peut se retrouver avec un manque d'espace à cause de calculs imprécis. Vous vous souvenez qu'on a déjà discuté de l'espace à accorder aux appareils ménagers (voir tableaux II et III), vous devrez ici en tenir aussi compte dans vos calculs.

— Arthur, lors des recherches, on s'est aperçu que les manufacturiers d'armoires utilisent toujours le système impérial, doit-on alors faire les calculs en se servant de ce système?

— Il s'agit des manufacturiers nord-américains, Lise, mais comme on importe d'Europe de plus en plus de modules d'armoires de cuisine, je te conseille de choisir ton fournisseur et puis d'utiliser le système de mesures requis.

Quand vous prenez les mesures d'une cuisine, n'oubliez pas de tenir compte du triangle de travail. Au fait, quel est le périmètre maximal de ce triangle?

— Si j'ai bonne mémoire, Arthur, il ne doit pas dépasser 6 900 mm.

— Bravo, Lise, ta réponse est en plein dans le mille!

Vous rappelez-vous des distances des trois côtés de ce triangle?

• réfrigérateur à cuisinière: de 1 200 à 2 800 mm

• cuisinière à évier: de 1 200 à 1 900 mm

• évier à réfrigérateur: de 1 200 à 2 200 mm.

Il faut aussi dresser la liste de tous les appareils électroménagers que vous possédez et qui viendront s'insérer dans ou entre les modules et y inscrire les dimensions.

Tenez, regardez le plan que j'ai préparé pour vous donner un exemple.

Fig. 79
Plan d'une cuisine rectangulaire

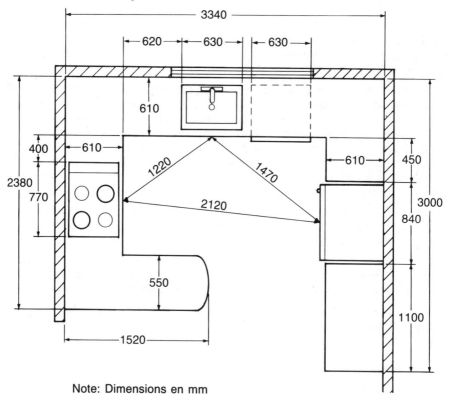

Note: Dimensions en mm

6.2 Choix des modules

— Il faut apporter une attention particulière au choix des modules d'armoi-res de cuisine et je dirais même anticiper sur les besoins futurs. Par exem-ple, prévoyez-vous acheter un four à micro-ondes d'ici un an ou deux? Je vous suggère alors d'en tenir compte dès maintenant de manière à pouvoir l'intégrer plus tard dans vos modules d'armoires de cuisine.

— J'ai remarqué aussi que chaque manufacturier offre des modules spé-ciaux avec des accessoires intégrés: chez un, c'est la poubelle ou des rayons pivotants; chez l'autre, on offre des portes vitrées et une étagère à vin et ainsi de suite.

— Oui, la compétition est très forte sur ce marché et chacun veut ajouter une touche particulière qui attirera les clients.

— J'ai aussi remarqué, Arthur, qu'on vend des modules entièrement assem-blés avec portes, tiroirs, mais sans comptoir, ce qui est à mon avis tout à fait logique car autrement on aurait un comptoir plein de joints.

— Tu as entièrement raison, Pierre. Aussi, lorsqu'on achète des modules, il faut parfois installer soi-même les charnières, les portes, les boutons et les poignées.

— On ne doit pas oublier de tenir compte du sens d'ouverture des portes, comme nous en avons discuté (voir fig. 53).

— On offre aussi dans les magasins des ensembles de modules d'armoires hautes et d'armoires basses vendus avec le comptoir, l'évier et les robinets. Il est parfois avantageux d'acheter un pareil ensemble qui coûte un peu moins cher.

— On peut en effet, Lise, faire une bonne affaire mais encore faut-il s'assu-rer auparavant que les dimensions des modules sont compatibles avec l'espace disponible dans la cuisine et que la robinetterie est de qualité acceptable.

6.3 Installation des modules

— Quelle est la première étape par laquelle vous commenceriez pour instal-ler des modules?

— Je crois, Arthur, qu'il faut procéder avec logique et attention. Je vais tenter de te décrire la marche à suivre:

1. Je déballerais les modules pour vérifier, si cela est possible en présence du transporteur, l'état des modules afin de déceler les défauts de fabri-cation ou les dommages éventuels dus au transport.

2. Je prendrais connaissance des instructions du fabricant s'il y en a.

3. Je commencerais par installer le ou les modules de coin des armoires hautes.

Pour ce faire, je repérerais les montants de la charpente des murs de la maison derrière le placoplâtre avec un poinçon ou en perçant de petits trous peu espacés.

4. Avec l'aide d'une personne, je placerais le module de coin aux murs, je le mettrais à niveau et le fixerais temporairement avec quelques clous de finition.

5. Je visserais l'arrière du module, tout en vérifiant souvent le niveau.

6. Puis je progresserais sur chaque mur et fixerais chaque module conformément au plan établi.

7. Toujours à partir d'un coin, j'installerais les armoires basses; je fixerais le module de coin au plancher et les autres modules prévus le long de chaque mur.

8. Ensuite, ce serait le moment de poser le comptoir prémoulé en commençant dans un coin; je prendrais les deux bouts de comptoir prévus et taillés chacun à 45° et je les boulonnerais ensemble en appliquant la marche à suivre pour la pose d'un comptoir prémoulé (section 5.3).

9. Viendrait ensuite l'étape des autres bouts de comptoir.

10. J'installerais l'évier, les robinets et je raccorderais les tuyaux au reste de la tuyauterie.

11. Enfin, j'effectuerais la finition: pose des portes si elles sont absentes des modules, réglage des tablettes, etc.

— Vous voyez maintenant que ce n'est pas difficile d'installer des armoires modulaires.

Chapitre 7
Salle de bains

Plan du chapitre

7.1 Introduction

Quelque temps après, par un beau samedi d'été...

— Alors Pierre et Lise, êtes-vous satisfaits de votre cuisine?

— Tout à fait, Arthur, comme c'est agréable d'y vivre! Qu'en penses-tu, Lise?

— J'ai la même impression que toi, Pierre.

— J'ai une question à vous poser. À quand la salle de bains?

— À quand quoi, Arthur?

— À quand sa rénovation? J'aimerais qu'on fasse le tour de la question. Que voulez-vous, c'est mon dada le bricolage, sitôt un projet terminé, un nouveau doit débuter.

Saviez-vous qu'en Amérique du Nord, la plupart des gens considèrent que la salle de bains est la deuxième pièce en importance de la maison, après la cuisine?

— Non.

— Et même si la salle de bains est très fréquentée, elle demeure dans la plupart des cas la plus petite pièce de la maison. Je pense aux maisons d'il y a quinze à vingt ans. De nos jours, elles sont plus grandes ou tout au moins on les veut plus grandes pour accommoder deux personnes en même temps.

— Je crois aussi, Arthur, que la salle de bains n'est plus seulement fonctionnelle, elle est devenue un endroit de détente où on récupère d'une dure journée.

7.2 Dimensions de la salle de bains

— Indépendamment du style ou de la grandeur de la pièce, il existe des normes à respecter dans la salle de bains afin d'y assurer un espace vital minimal, d'éviter d'être gêné dans ses mouvements et de permettre un entretien facile.

Encore une fois, je vous ai apporté un extrait du *Code national du bâtiment* dans lequel on peut lire ce qui suit:

«Il faut prévoir, dans un logement, un espace fermé suffisamment grand pour contenir une baignoire, un cabinet d'aisances et un lavabo.

Il faut un espace d'au moins 530 mm (21 po) entre une baignoire ou une cabine de douche et la face du mur opposé ou d'au moins 450 mm (18 po) par rapport à un autre appareil, sur une largeur de baignoire ou de cabine de douche qui ne sera pas inférieure à 600 mm (24 po).

Fig. 80

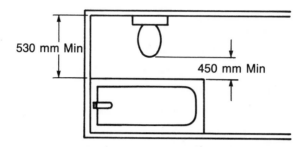

L'axe d'un cabinet d'aisances doit se trouver à 380 mm (15 po) au moins d'un mur latéral ou d'un meuble de toilette. Il faut prévoir un espace d'au moins 450 mm (18 po), entre cabinet d'aisances et un mur ou un appareil quelconque.

Fig. 81

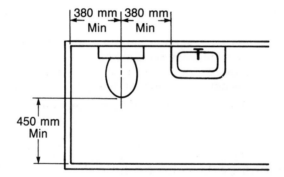

L'axe d'un lavabo doit se trouver à 380 mm (15 po) au moins d'un mur latéral. Il faut prévoir un espace d'au moins 530 mm (21 po) entre le devant d'un lavabo et un mur opposé, et d'au moins 450 mm (18 po) entre le devant du lavabo et un appareil quelconque.

Fig. 82

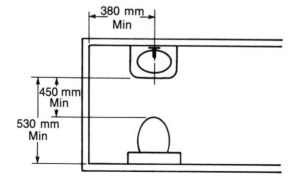

Une armoire-pharmacie murale ne doit pas avoir moins de 230 mm (9 po) de hauteur et de largeur ni une surface verticale inférieure à 0,15 m² (1,6 pi²). L'armoire-pharmacie doit être munie de rayons. En l'absence d'armoire-pharmacie murale, une surface de rayonnage équivalente doit être prévue à l'intérieur d'un meuble de toilette fermé à clé.

Sauf dans le cas d'un studio, la salle de bains exigée doit être accessible sans qu'il soit nécessaire de passer par une chambre.»

— Est-il souhaitable de donner des dimensions plus grandes à une salle de bains, Arthur?

— Oui, Pierre, chaque fois qu'on le pourra, on augmentera les dégagements prévus pour améliorer l'utilisation de cette pièce. Rappelez-vous que la surface minimale d'une petite salle de bains avec douche ou demi-baignoire ne devrait pas être inférieure à 1 500 mm sur 1 500 mm (environ 5 pi sur 5 pi) et que la surface minimale d'une salle de bains équipée d'un mobilier standard doit mesurer environ 1 500 mm sur 2 100 mm (environ 5 pi sur 7 pi).

On sacrifie parfois une pièce de la maison ou un coin au sous-sol pour avoir une salle de bains plus grande. La salle de bains prend alors une allure de petit gymnase et de petit jardin intérieur.

Si je vous incite à remodeler la salle de bains c'est aussi parce que les meubles de toilette ressemblent beaucoup aux armoires basses d'une cuisine. À l'instar d'une armoire basse, le meuble de toilette est installé le long d'un mur et sur le plancher; il est muni d'un ou de plusieurs tiroirs, d'une ou de plusieurs portes; le dessus rappelle le comptoir avec son rebord et son dosseret. Enfin, il possède un retrait au bas du meuble. Sa longueur varie en fonction de l'espace disponible, tout comme dans la cuisine.

Toutefois, le meuble de toilette présente de petites différences: il est moins haut que l'armoire basse et sa hauteur varie de 790 mm (31 po) à 810 mm (32 po). Il est moins profond avec ses quelque 560 mm (22 po), et parfois moins.

Les dimensions dont il vient d'être question concernent les meubles de toilette standard vendus sur le marché. Cependant, la plupart des marchands en offrent, sur demande, d'autres dimensions.

— Quels sont les matériaux les plus populaires?

— C'est sans contredit le stratifié qui entre dans la composition du dessus du meuble et qu'on utilise beaucoup pour la finition du meuble en entier. Le stratifié tient bien son rôle dans la salle de bains, car il est imperméable et il ne retient donc pas l'humidité. Mais il existe d'autres matériaux populaires.

— Je crois qu'on peut placer le chêne au second rang derrière le stratifié, et le Corian au troisième rang.

— Très juste, Lise. Ce sont là les trois matériaux les plus couramment utilisés pour la fabrication des meubles de toilette.

7.3   Planification pour la rénovation

— On disait tantôt que la salle de bains était, pour plusieurs, la deuxième pièce en importance de la maison, après la cuisine. Par conséquent, c'est la pièce la plus rénovée, après la cuisine. Le projet de rénovation d'une salle de bains, à l'instar de la cuisine, doit être soigneusement planifié. On doit donc établir un budget à partir duquel on déterminera ce qu'on veut modifier et ajouter. On doit faire le tour des marchands pour prendre connaissance des produits offerts, des dimensions et des prix.

Le style européen plaît beaucoup quand il s'agit de mobilier de toilette.

— Comme dans la cuisine.

— Exactement Pierre! Comme c'est un style sobre et dépouillé où les tons pastel dominent, les accessoires tels le tapis de bain, les serviettes de toilette, joueront un grand rôle dans la décoration. Je constate que les gens préfèrent acheter des appareils sanitaires dans des tons pastel plutôt que foncés parce que les couleurs pastel risquent moins de se démoder. On ne renouvelle pas le mobilier de la salle de bains tous les ans. Par conséquent, il est plus facile de remplacer les accessoires.

— Alors, pour l'ambiance, on joue avec les accessoires et les touches de couleurs.

— C'est le moyen le plus abordable, Pierre, d'autant plus qu'il permet de varier plus souvent.

Comme dans le cas des cuisines, il faut garder l'oeil ouvert en matière de mode, de style et de nouveauté. Par exemple, les cabinets à médicaments (pharmacie) disparaissent et sont incorporés au meuble de toilette.

On essaie de créer un éclairage qui se rapproche le plus de l'éclairage naturel pour faciliter le maquillage, le rasage.

Bref, on constitue un dossier le plus complet possible, sans oublier le revêtement mural et le revêtement du sol.

Dans l'ensemble, on peut dire que les travaux sont relativement faciles à réaliser pour un bricoleur, surtout s'il a déjà rénové sa cuisine.

7.4   Plan de la salle de bains

— Quand on a tous les éléments en main, on fait un plan de la salle de bains et on y situe l'emplacement du mobilier de toilette en respectant les dimensions et en tenant compte de la tuyauterie existante.

— Puis, j'imagine qu'on reporte les dimensions sur les murs et le plancher de la salle de bains un peu comme on a fait pour la cuisine.

— Oui, Pierre, sauf que dans la salle de bains, la tuyauterie est élaborée et tient un rôle important. On doit donc y apporter une attention spéciale et indiquer, sur le plan, les entrées et les sorties d'eau afin de pouvoir déterminer plus facilement les longueurs de tuyaux et planifier leur raccordement à la tuyauterie de la maison.

J'aimerais ajouter qu'on détermine le type de salle de bains en fonction de l'emplacement de la tuyauterie contrairement à la cuisine où c'est la disposition des armoires qui permet de les classifier. En d'autres mots, si les entrées et les sorties, dans une salle de bains sont situées sur un seul mur, vous aurez une salle de bains dont les appareils sanitaires seront disposés sur un mur; et si les entrées et les sorties se trouvent sur trois murs, il s'agira d'une salle de bains avec mobilier occupant trois murs et ainsi de suite.

Tenez, regardez les dessins qui suivent et qui donnent quelques exemples de salles de bains. Ces dessins ne vous rappellent-ils pas les types de cuisine?

Fig. 83
Mobilier sur un mur

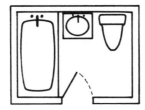

Fig. 84
Mobilier sur deux murs

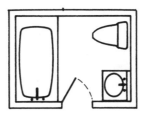

Fig. 85
Mobilier sur trois murs

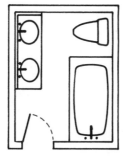

Chapitre 8
Meuble d'atelier

Plan du chapitre

8.1   Conception du meuble

— Nous allons parler, si vous le voulez bien, d'un meuble d'atelier.

— Je ne comprends pas, Arthur. Nous venons de sortir de la salle de bains et tu nous fais entrer dans un atelier. Quel rapport entre les deux?

— Il y en a un, Pierre.

— Je te vois venir, Arthur! Tu veux, de toute évidence, nous démontrer que l'expérience acquise dans la cuisine et dans la salle de bains peut nous servir ailleurs dans la maison.

— Eh! bien oui, je l'avoue, Lise. Nous allons nous amuser un peu sur papier. Et qui sait, le jour n'est peut-être pas si loin où vous sentirez le besoin de construire un meuble d'atelier. Alors...

Quand on veut créer un meuble d'atelier, on doit rechercher certaines qualités.

Pourriez-vous m'en nommer quelques-unes?

_____

_____

— Habituellement, on désire un meuble muni d'une grande surface de travail, un meuble très robuste et à rangement pratique.

— Regardez. Voici un exemple de meuble d'atelier où on a tenu compte de ces trois qualités.

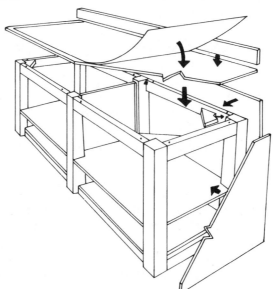

Fig. 86
Meuble d'atelier

8.2   Dimensions du meuble

— Si on s'attarde au lieu où on placera ce meuble, on constate que, contrairement à une cuisine, la surface de travail, bien que grande, n'occupera qu'un espace limité le long d'un mur de la pièce.

Il existe une fenêtre? On placera donc le meuble sous la fenêtre pour avoir un meilleur éclairage naturel.

Quant aux dimensions du meuble, elles doivent se conformer à nos besoins et aux travaux qu'on y fera. Travailler debout: voilà un des facteurs qui déterminera la hauteur.

Même si la hauteur traditionnelle est d'environ 980 mm (38 1/2 po), on peut décider d'une autre hauteur qui conviendrait mieux à ses utilisateurs.

La surface de travail devrait être plus large que le plan de travail d'une armoire basse, mais il ne faut pas non plus exagérer. On doit pouvoir saisir facilement un objet où qu'il se trouve sur la surface de travail. Si la profondeur d'un comptoir de cuisine est généralement d'environ 630 mm (25 po), celle d'un meuble d'atelier pourrait varier de 760 mm (30 po) à 810 mm (32 po).

La longueur dépend entièrement de l'espace disponible. Un meuble d'atelier de 2 130 à 2 440 mm (de 7 à 8 pi) de long est certainement un meuble idéal.

8.3   Plans, matériaux et conseils
pour la construction
d'un meuble d'atelier

— Comme pour les armoires de cuisine construites sur place, je crois qu'on doit tracer le plan du meuble désiré.

— Tu as raison, Pierre. On trace un plan à l'échelle du devant, d'un côté et du dessus. En fait, on construit sur papier avant de construire avec du bois. On évite ainsi bien des erreurs. Enfin, c'est à partir des plans qu'on détermine les matériaux nécessaires.

— On n'achète sûrement pas du bois de la première qualité pour ce genre de meuble.

— En effet, Lise, on recommande du pin de catégorie n° 2 ou n° 3, c'est-à-dire du bois qui possède des taches, des noeuds et autres défauts apparents qu'on peut cacher par un fini. Il ne faut toutefois pas acheter du bois de trop basse qualité parce qu'il y perd en solidité, sans parler des pièces croches ou tordues.

On se souvient que la charpente des armoires basses était juste assez robuste pour résister aux activités normales d'une cuisine. Le meuble d'atelier doit être beaucoup plus résistant. Par conséquent, on utilisera du bois plus épais pour obtenir une charpente plus robuste, des vis plus grosses pour un meilleur soutien et des renforts pour la solidité générale.

Voici quelques conseils pratiques pour un meuble d'atelier. On prévoit un retrait et un dosseret comme pour une armoire basse. Le premier permet de travailler plus près du meuble et le second empêche les petits objets de tomber derrière le meuble.

Les coins sont renforcés au moyen de plaques d'angle ou d'équerres d'angle ou encore de goussets de coin en bois.

Fig. 87
Renforcement d'un coin

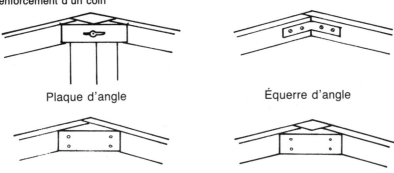

Plaque d'angle   Équerre d'angle

Goussets de coin en bois

En plus de renforcer les coins, on consolide la charpente en fixant des panneaux à l'arrière et sur les côtés ou encore à l'aide des croix de métal ou autres. On peut utiliser seulement du contreplaqué ou de l'aggloméré pour la surface de travail. Mais si on ajoute une feuille d'aluminium (2 mm), on augmente de beaucoup la résistance de la surface de travail.

Quand la surface de travail est en contreplaqué ou en aggloméré, on gagne à la recouvrir de stratifié épais.

Il y a un autre matériau qui sert à créer une surface de travail adéquate et facile d'entretien. Lequel?

—J'oserais dire un comptoir prémoulé revêtu de stratifié.

—En plus, Lise, de convenir à un meuble d'atelier, il possède un dosseret intégré, ce qui élimine la tâche d'en construire un, sa profondeur est toutefois un peu faible. Il serait bon de renforcer le dessous du comptoir prémoulé avec du contreplaqué ou de l'aggloméré qu'on collerait et visserait.

On pourrait organiser l'intérieur du meuble d'atelier, par exemple, en deux sections.

Dans la première section, on poserait deux tablettes: une tablette basse pour entreposer les restes de peinture et une tablette haute pour remiser les retailles de bois.

Dans la seconde section, on pourrait installer de petits tiroirs métalliques suspendus et vissés sous la surface de travail ainsi qu'un ou deux tiroirs plus grands sous les tiroirs métalliques.

Fig. 88
Organisation interne du meuble

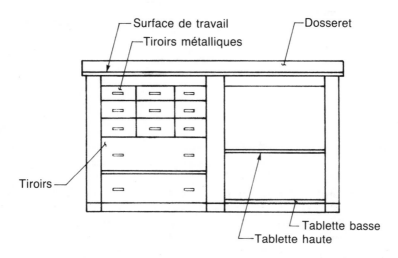

— Bonne idée, mais cette fois-ci, on devra mettre les tiroirs plus solides, car leur charge sera plus lourde que dans une cuisine. Ta suggestion m'intéresse de plus en plus, Arthur, et ça me serait tellement utile lors de prochains travaux.